本书为2016年度国家社会科学基金项目
"脱贫攻坚背景下贫困地区生态综合补偿转移支付法制研究"
项目编号：16BFX150最终研究成果

本书获法治江西建设协同创新中心项目资助

生态综合补偿转移支付法制研究
—— 基于生态脱贫的展开

SHENGTAI ZONGHE
BUCHANG ZHUANYI ZHIFU FAZHI YANJIU
—— JIYU SHENGTAI TUOPIN DE ZHANKAI

徐丽媛／著

中国政法大学出版社

2024 · 北京

图书在版编目（ＣＩＰ）数据

生态综合补偿转移支付法制研究：基于生态脱贫的展开/徐丽媛著. —北京：中国政法大学出版社，2024.2

ISBN 978-7-5764-1224-6

Ⅰ.①生… Ⅱ.①徐… Ⅲ.①生态环境－补偿机制－法规－研究－中国 Ⅳ.①D922.684

中国国家版本馆 CIP 数据核字(2023)第 243766 号

出 版 者　　中国政法大学出版社

地　　址　　北京市海淀区西土城路 25 号

邮寄地址　　北京 100088 信箱 8034 分箱　邮编 100088

网　　址　　http://www.cuplpress.com (网络实名：中国政法大学出版社)

电　　话　　010-58908285(总编室) 58908433（编辑部） 58908334(邮购部)

承　　印　　固安华明印业有限公司

开　　本　　720mm×960mm　1/16

印　　张　　11

字　　数　　160 千字

版　　次　　2024 年 2 月第 1 版

印　　次　　2024 年 2 月第 1 次印刷

定　　价　　49.00 元

摘 要

ABSTRACT

　　中共十八届五中全会提出全面建成小康社会新的目标，要求到2020年农村贫困县全部摘帽。如何脱贫，习近平总书记强调实施"五个一批"工程，其中就包括生态补偿脱贫一批（一种生态脱贫的政策）。为了打赢脱贫攻坚战，国家提出了精准扶贫方略，要求开展贫困地区生态综合补偿试点，创新生态资金使用方式。2020年，我国贫困地区已全部实现脱贫，生态综合补偿效果显著。贫困地区摆脱贫困以后，相对贫困问题还将长期存在。新时期，巩固拓展脱贫攻坚成果已经同乡村振兴有效衔接，对于扶贫效果显著的重要方式——生态补偿仍将继续实施。在生态问题、贫困问题、发展问题依然交织的背景下，如何统筹利用生态补偿资金，构建适宜的生态综合补偿转移支付法制，对于实现脱贫地区乡村生态振兴和巩固脱贫攻坚成果具有重要意义。

　　为此，综合运用历史纵向分析与国际横向比较分析法、规范分析与实证分析法等对脱贫地区生态综合补偿转移支付的理论依据、实效结果、立法演变等进行系统梳理，对比国际生态补偿转移支付扶贫立法的经验，提出了生态综合补偿自主权，并以此为理论指引完善中国脱贫地区生态综合补偿转移支付法律制度。主要研究成果：

　　1. 界定了脱贫地区生态综合补偿的内涵。基于对生态综合补偿的理解，结合脱贫地区的定义和特征，认为脱贫地区生态综合补偿主要是指全国已经脱贫的贫困县（市），通过整合纵向生态补偿转移支付、横向生态补偿转移支付和市场化补偿等渠道资金，创新生态补偿资金使用方式；把生态补偿资金与生态保护整体成效相结合，增强地区自我发展能力，实现生态保护与经济社会发展"双赢"；同时让脱贫县（市）的农牧民在参与生态保护中获得应有的补偿，脱贫增收持续推进精准扶贫。脱贫地区生态综合补偿本质上是一种"造血型"补偿，追求生态补偿整体性效益，目的是实现生态保护与经济社会发展"双赢"。脱贫地区生态综合补偿建立在反贫困理论、环境正义理论、环境资源价值理论和可持续发展理论基础之上，其实施有利于促进社会公平、维护社会公正、提升生态资本的转化效率，实现可持续发展。

2. 对生态综合补偿转移支付与脱贫攻坚关系理论证明和实效考察。生态综合补偿转移支付与脱贫攻坚关系紧密。理论上，贫困地区生态综合补偿是实现生态补偿落地、精准扶贫推动脱贫攻坚的新路径，而贫困地区生态综合补偿转移支付又是影响贫困地区生态综合补偿的重要力量。因此，可以说贫困地区生态综合补偿转移支付是实现脱贫攻坚的重要支撑。实践中，生态综合补偿有利于多种形式的精准扶贫。持续推进生态综合补偿扶贫，是巩固脱贫攻坚成果，有效推进乡村振兴的重要举措。

3. 对中国脱贫地区生态补偿转移支付立法演变进行系统梳理分析。从中央和地方两个层面来看，中国脱贫地区生态补偿转移支付立法建立在公平正义理念和精准扶贫理论基础之上，立法主要内容是引导脱贫地区走"绿色发展""绿色减贫"道路，立法体现资金综合统筹使用思想。但在促进脱贫地区生态综合补偿方面尚有不足，如脱贫地区利益未充分表达、忽视了脱贫地区生态补偿转移支付接受主体的自主权，影响脱贫地区绿色发展、绿色减贫的效率，整体性监督考核机制不健全等。主要原因在于，扶贫政治思维淡化了脱贫地区生态综合补偿转移支付法律制度的属性；不同利益诉求造就了脱贫地区生态综合补偿转移支付制度约束；行政放权的非制度化影响脱贫地区生态补偿转移支付整体性效益。

4. 提出了生态综合补偿自主权的概念并进行法治路径分析。传统视域下生态补偿被认为是一种责任分配机制，生态综合补偿的提出给生态补偿理论带来了新的挑战。为了实现生态补偿全过程规制和追求生态补偿整体性效益，生态补偿法制研究应突破传统责任分配和单一权利视域，植入权利与权力的思维。生态综合补偿自主权的理论渊源，根植于生态保护个体与政府之间的信任委托关系，并立足地方政府生态治理权能，内化为生态综合补偿积极性权力；同时探寻于地方政府可持续发展权，外化为生态综合补偿防御性自由。生态综合补偿自主权是在生态补偿法律制度变迁中逐步形成的，内容呈现权利与权力的二元向度，其顺利运行仍需法治保障。生态综合补偿内部权力运行的法治保障路径应重塑生态综合补偿自主权的法律价值，打造追求生态综合补偿整体性绩效目标的地方责任政府，坚持法定原则，明晰权力的边界，坚持用权受监督，建立程序控权机制和综合考评制度；生态综合补偿外部权利自由的制度保障主要以基本权利的形态为核心构建生态综合补偿转移支付制度和落实国家权利保护义务，建立系列性生态资源资本化制度。生态综合补偿自主权的提出为脱贫地区生态综合补偿转移支付法制完善提供了理论指引。

5. 根据上述理论与实践分析，确定了脱贫地区生态综合补偿转移支付法律制度的价值目标和功能定位，为中国脱贫地区生态综合补偿转移支付法律制度完善提出具体建议。理念上，以实现可持续发展权为核心构建脱贫地区生态综合补偿转移支付法治体系；脱贫地区生态综合补偿转移支付从财力到财权转变，建立解决相对贫困的长效机制，契合生态综合补偿自主权的权利向度；实行阶段性分权，结合分权式扶贫，推动地方构建奖惩结合的生态补偿转移支付制度，契合生态综合补偿自主权的权力向度。配合实现脱贫地区生态综合补偿自主权，脱贫地区生态综合补偿转移支付法制还应加强程序控权和完善监督考评机制。程序控制是脱贫地区生态综合补偿转移支付整体性效益实现的必要条件，通过立法予以保障；参与监督是脱贫地区生态综合补偿转移支付整体性效益实现的充分条件，通过多元参与强化预算监督；严格目标问责，通过督察等制度推进落实；同时构建适应生态补偿整体性效益的监督考核评价制度，遵循公平、公正、公开、静态与动态考核相结合原则，警惕将生态保护的目标从属于减贫的目标，加强生态补偿转移支付有效性控制。

与其他研究相比，本研究避开构建脱贫地区生态综合补偿转移支付法治体系的常见思路即完善相关立法，从生态补偿转移支付制度本身来探寻有利于贫困缓解和可持续发展的规则设计。这呼应了国家生态综合补偿加强主体权利义务建设的总体目标。

CONTENTS 目 录

第一章 导 论 …………………………………………………… 001

一、研究背景及意义 …………………………………………… 001

（一）研究背景 ……………………………………………… 001

（二）研究意义 ……………………………………………… 003

二、国内外研究述评 …………………………………………… 004

（一）国外研究概括 ………………………………………… 004

（二）国内研究现状 ………………………………………… 006

（三）国内外研究述评 ……………………………………… 008

三、研究思路、主要内容和研究方法 ………………………… 009

（一）研究思路 ……………………………………………… 009

（二）主要内容 ……………………………………………… 010

（三）研究方法 ……………………………………………… 012

四、主要创新点 ………………………………………………… 012

五、相关说明 …………………………………………………… 013

第二章 生态综合补偿转移支付与脱贫攻坚关系的理论证明和

实效考察 …………………………………………… 014

一、脱贫地区生态综合补偿的内涵及理论基础 ……………… 014

（一）脱贫地区生态综合补偿的内涵 ……………………… 015

（二）脱贫地区生态综合补偿的理论基础 ……………………… 020

二、生态综合补偿转移支付与脱贫攻坚关系的理论证明和实效考察…… 027

（一）生态综合补偿转移支付与脱贫攻坚关系的理论证明 ……… 028

（二）生态综合补偿转移支付与脱贫攻坚关系的实效考察 ……… 035

三、乡村振兴背景下脱贫地区生态综合补偿转移支付的

现实与困境 …………………………………………………… 042

（一）乡村振兴背景下脱贫地区生态综合补偿的重要意义 ……… 043

（二）脱贫地区生态综合补偿转移支付的基本情况和主要问题…… 044

第三章 中国脱贫地区生态综合补偿转移支付立法梳理与评析 … 049

一、中国脱贫地区生态补偿转移支付立法演进 ………………… 049

（一）中央层面相关立法的产生与发展 ………………………… 050

（二）地方层面相关立法的产生与发展 ………………………… 051

二、脱贫地区生态补偿转移支付立法的特点及问题分析 ……… 066

（一）脱贫地区生态补偿转移支付立法的特点 ………………… 066

（二）脱贫地区生态综合补偿转移支付立法缺陷与不足 ……… 068

三、脱贫地区生态综合补偿转移支付立法问题的原因分析……… 071

第四章 生态补偿转移支付扶贫立法的国际经验 ……………… 075

一、国外典型国家生态补偿扶贫立法 …………………………… 075

（一）美国 ………………………………………………………… 075

（二）巴西 ………………………………………………………… 077

（三）哥斯达黎加 ………………………………………………… 079

（四）墨西哥 ……………………………………………………… 082

二、国外生态补偿转移支付扶贫立法的特点及启示 …………… 085

（一）国外生态补偿转移支付扶贫立法的特点 ………………… 085

（二）国外生态补偿转移支付扶贫立法对我国的启示 ………… 090

第五章　生态综合补偿自主权的提出及其法治路径 ·········· 093

一、生态综合补偿自主权的提出与界定 ············· 093

（一）生态综合补偿自主权的提出 ············· 093

（二）生态综合补偿自主权的定义与解读 ············· 096

二、生态综合补偿自主权的正当性分析与理论渊源 ············· 098

（一）生态综合补偿自主权的正当性分析 ············· 098

（二）生态综合补偿自主权的理论基础 ············· 100

三、生态综合补偿自主权的演变逻辑与内容拓展 ············· 102

（一）演变逻辑：地方政府最大限度地寻求生态补偿自治权力 ····· 102

（二）内容拓展：权力与权利的二元向度 ············· 105

四、生态综合补偿自主权的法治保障路径 ············· 106

（一）内部权力运行的法治保障路径 ············· 107

（二）外部权利自由的制度保障 ············· 111

第六章　中国脱贫地区生态综合补偿转移支付法律制度完善 ······ 115

一、中国脱贫地区生态综合补偿转移支付法律制度的价值目标 ········ 115

（一）脱贫地区生态综合补偿转移支付的价值目标 ············· 116

（二）脱贫地区生态综合补偿转移支付法律制度的价值目标 ············· 121

二、中国脱贫地区生态综合补偿转移支付法律制度的功能定位 ······ 124

三、中国脱贫地区生态综合补偿转移支付法律制度的完善路径 ······ 125

（一）理念——以实现可持续发展权为核心 ············· 126

（二）从财力到财权转变，建立解决相对贫困的长效机制 ········ 128

（三）实行阶段性分权，落实生态综合补偿 ············· 131

第七章　中国脱贫地区生态综合补偿转移支付的监督评价机制 ··· 138

一、建立有效的脱贫地区生态综合补偿转移支付控权监督机制 ········ 138

（一）程序控制，立法保障 ············· 139

（二）预算监督，多元参与 ……………………………… 142

（三）目标问责，督察推进 ……………………………… 144

二、构建脱贫地区生态综合补偿转移支付的整体性考核评价机制 …… 146

（一）考核评价制度的现状与问题 ……………………… 146

（二）考核评价制度的完善思考 ……………………… 151

结　语 ……………………………………………………… 155

参考文献 …………………………………………………… 157

▶▶▶▶▶ ───────────── ▶▶▶▶▶

第一章

导　论

一、研究背景及意义

（一）研究背景

中共十八届五中全会提出全面建成小康社会新的目标，要求到 2020 年农村贫困县全部摘帽。如何脱贫，习近平总书记强调实施"五个一批"工程，[1] 其中就包括生态补偿脱贫一批。生态补偿脱贫即是一种生态脱贫的政策，主要指在我国实施的退耕还林还草、天然林保护、防护林建设、石漠化治理、防沙治沙、湿地保护与恢复、坡耕地综合整治、退牧还草、水生态治理等重大生态工程中，项目和资金安排上进一步向贫困地区倾斜，提高贫困人口参与度和受益水平。加大贫困地区生态保护修复力度，增加重点生态功能区转移支付，让贫困人口加入生态保护与修复的队伍中去，使他们在生态建设中获得收入。具体而言包括两方面，一方面，通过政府财政转移支付等外部注入生态补偿资金的方式，补偿贫困地区牺牲发展机会而进行生态保护和修复的行为，使生态保护和修

───────────────

〔1〕　五个一批，是指发展生产脱贫一批、易地搬迁脱贫一批、生态补偿脱贫一批、发展教育脱贫一批、社会保障兜底一批。2015 年 10 月 16 日，国家主席习近平在减贫与发展高层论坛上首次提出"五个一批"的脱贫措施，为打通脱贫"最后一公里"开出破题药方。随后，"五个一批"的脱贫措施被写入《中共中央、国务院关于打赢脱贫攻坚战的决定》，经中共中央政治局会议审议通过。

复行为"正"外部性内部化，从而帮助贫困地区打破生态环境与贫困之间的恶性循环的关系；另一方面，注重发挥贫困地区内部的主动性和创造力，因地制宜地利用生态补偿资金切实保护提升本地生态环境，同时真正惠及贫困人口。《中共中央、国务院关于打赢脱贫攻坚战的决定》（2015 年 11 月 29 日）精准扶贫方略，提出开展贫困地区生态综合补偿试点，创新生态资金使用方式，即是在发挥贫困地区内部能动性，助力生态脱贫。财政转移支付资金是贫困地区生态综合补偿的主要资金来源，贫困地区生态综合补偿转移支付法制研究十分必要，有利于有效整合和优化我国贫困地区生态补偿资金，提高生态补偿资金使用效益，着力构建长效机制以实现生态保护与脱贫的"双赢"。

贫困地区摆脱贫困以后，相对贫困问题还将长期存在。党的十九届四中全会首次提出了相对贫困的概念，强调"坚决打赢脱贫攻坚战，巩固脱贫攻坚成果，建立解决相对贫困的长效机制"。相对贫困是一个以社会平均收入水平为参照的概念，只要存在发展不平衡、不充分的问题，财富收入的差异、发展机会的差异、发展能力的差异等就会存在，相对贫困问题就会持续存在。解决相对贫困问题，不仅要完善收入再分配制度，提高相对贫困群体收入水平，还需要从外力帮扶走向内源发展，提升相对贫困地区和相对贫困人口自我发展能力和自我发展动力。[1]新时期，巩固拓展脱贫攻坚成果已经同乡村振兴有效衔接，对于扶贫效果显著的重要方式——生态补偿仍将继续实施。2021 年中共中央办公厅、国务院办公厅印发的《关于深化生态保护补偿制度改革的意见》强调，继续对生态脆弱脱贫地区给予生态保护补偿，对原深度贫困地区支持力度不减。在生态问题、贫困问题、发展问题依然交织的背景下，如何完善生态补偿转移支付法律制度，推动生态综合补偿，增强脱贫地区自我发展能力，促进脱贫人口增收，对于实现脱贫地区乡村生态振兴和巩固脱

---

〔1〕 参见秦楼月：《相对贫困治理的路径探析》，载 http://www.rmlt.com.cn/2022/0901/655366.shtml，最近访问日期：2023 年 6 月 5 日。

贫攻坚成果具有重要意义。

（二）研究意义

1. 学术价值。

本研究的学术价值主要体现在以下三个方面：

（1）拓展生态补偿研究的视角。生态综合补偿的提出表明国家关注的重点从补偿资金的来源转向补偿资金使用的效果，这需要适宜的财政制度支持，其中转移支付法律制度与生态补偿密切相关。转移支付不仅影响生态补偿资金的来源，且转移支付的制度约束、功能定位和理念转变都可能影响生态补偿资金的使用。因此，生态综合补偿转移支付法制研究视角具体化，是生态补偿研究的深入推进，有利于生态补偿落地。结合脱贫地区进行研究，内容与结果更具针对性，经验总结基础上更便于全面推广。

（2）丰富生态补偿扶贫的理论。主要从生态综合补偿转移支付与脱贫攻坚关系的视角来论述生态补偿之于贫困缓解的重要意义。构建脱贫攻坚背景下的贫困地区生态综合补偿转移支付法制，弥补了该视角下生态补偿扶贫长效机制研究的空白。对于生态脆弱和原深度贫困的脱贫地区持续推进生态综合补偿也奠定了理论基础。

（3）探索了乡村振兴与巩固脱贫攻坚成果依法衔接的生态补偿路径。我国扶贫工作基本坚持就是扶贫工作法治化，依法治贫、法治扶贫。乡村振兴战略提出后，党和国家都非常重视乡村振兴法治建设，出台了《中华人民共和国乡村振兴促进法》，全面适用于乡村产业振兴、人才振兴、文化振兴、生态振兴、组织振兴，推进城乡融合发展等活动。本研究构建乡村振兴背景下脱贫地区生态综合补偿转移支付法律制度，是乡村振兴与巩固脱贫攻坚成果依法衔接的有益尝试。

2. 实践意义。

（1）是生态补偿由"输血型"补偿向"造血型"补偿发展的需要。毋庸置疑，"输血型"生态补偿对于贫困地区缓解贫困有重要作用。然而，扶贫经验和生态补偿实践都告诉我们，"造血型"生态补偿才是实现生态保护与缓解贫困"双赢"的成功之路。"造血型"生态补偿能实现资金的统筹整合，支撑贫困地区（脱贫地区）生态产业的发展和急需的生态基础设施建设，形成贫困地区（脱贫地区）自我发展的内生动力。生态综合补偿转移支付法律制度研究就是挖掘"造血型"生态补偿实现的过程，对于贫困地区（脱贫地区）全面发展具有重要意义。

（2）是全面建成小康社会的需要。贫困地区（脱贫地区）生态补偿已经得到国家权威认可，建立适合贫困地区（脱贫地区）实际情况的"造血"式生态补偿机制——贫困地区（脱贫地区）生态综合补偿更是国家的期许。吕忠梅教授指出，环境与发展综合决策是建设生态文明的必由之路，如何使贫困地区在保护生态的同时实现脱贫与发展，是我国全面建成小康社会的迫切需求。

二、国内外研究述评

（一）国外研究概括

生态补偿作为实现社会可持续发展的一项重要环境政策，深受各国政府和学者的关注。生态环境的公共物品属性使环境问题的政府管制和政府买单机制获得许多学者的认可，政府可以通过"受益者付费"的制度设计激励更多的人提供环境公共物品。

国外学者更倾向于公平的理论根基来探讨贫困地区生态补偿问题。西方国家自 18 世纪提出"贫困陷阱"（Poverty Trap）理论以来，贫困与生态环境问题就成为学者关注的重要课题。1987 年《我们共同的未来》（原版）就明确指出："贫穷是全球环境问题的主要原因和后果"[1]。随

---

〔1〕 世界环境与发展委员会：《我们共同的未来》，王之佳等译，吉林人民出版社 1997 年版，第 4 页。

着学者研究得深入，生态补偿不仅被视为提高环境资源管理效率的工具，还要求兼具效率与公平。Jeffrey C. Milder 等认为尤其是在发展中国家，低收入家庭和社区控制着许多对生态敏感的土地，这些土地的权利人有可能从生态系统服务中受益，生态补偿应具有更广泛的价值。[1]Luca Tacconi 认为用有效性、效率性和公平性来评估和监督 PES 计划是必要的，PES 计划应侧重于成本效益和最佳实践，以实现积极的民生影响，[2]即如何设计一个既能实现社会目标又能实现环境目标的、有利于穷人的生态补偿计划，以及如何减少这两个目标之间的潜在压力。即使对 PES 批判最严厉的学者，也关注生态补偿分配公平问题，在可交易生态系统服务的维护过程中，不应让当地穷人承担无补偿的成本。[3]近期，国际上对碳排放的监管不断扩大，扩大的碳监管框架可能刺激发展中国家对碳补偿的新需求，可能有利于贫困人口从林业中获得补偿。

对贫困地区的生态补偿，国外学者更注重微观主体的减贫效益分析。Michael Richard 等在对哥斯达黎加环境保护计划的减贫效应实证分析的基础上，发现该计划对提高贫困人口收入有比较明显的正面作用。[4]Stefano Pagiola, Kemkes R J 等研究表明，生态补偿通过向贫困人群发放补偿支付而有效地扮演了政府减贫工具的角色。[5]Locatelli 等认为生态补偿项目在长期上具有减贫作用，但在短期来看，贫困人群由于收入上受

---

〔1〕　See Jeffrey C. Milder, et al., "Trends and Future Potential of Payment for Ecosystem Services to Alleviate Rural Poverty in Developing Countries", *Ecology and Society*, Vol. 15, No. 2., 2010.

〔2〕　See Luca Tacconi, "Redefining Payments for Environmental Services", *Ecological Economics*, Vol. 73, No. 1., 2012, pp. 29-36.

〔3〕　参见［德］凯瑟琳·N. 法雷尔：《国际生态系统服务付费的生态政治经济学批判研究：智力重商主义与特许权公平》，柴麒敏、丁开杰编译，载《经济社会体制比较》2015 年第 3 期。

〔4〕　See Michael Richard, "Common Property Resource Institutions and Forest Management in Latin America", *Development and Change*, Vol. 28, No. 1., 1997, pp. 95-117.

〔5〕　See Stefanie Engel, et al., "Designing Payments for Environmental Services in Theory and Practice: An Overview of the Issues", *Ecological Economics*, Vol. 65, No. 4., 2008, pp. 663-674; Kemkes Robin J, et al., "Determining when Payments are an Effective Policy Approach to Ecosystem Service Provision", *Ecological Economics*, Vol. 69, No. 11., 2010, pp. 2069-2074.

到冲击，可能会影响其参与补偿计划的积极性。[1]国际社会上，各国的生态补偿主要是基于特定的生态系统服务进行，转移支付是其重要的补偿方式，但其付费机制的设计都具有高度的多重目标性，多与经济发展目标相结合，如美国的农业生态补偿具有多重目标，包括关注水质水量、野生物种的栖息地、保护土壤生产力、提高农民经济效益的目标等，有的还专门考虑了贫穷农民的问题。

（二）国内研究现状

国内，生态补偿研究深入，成果丰富。现有研究或者集中于谁来补、补给谁、怎么补、补多少的问题，或者集中于流域、森林、草原、湿地等单一要素的补偿研究，对于生态综合补偿研究较少，特别是对特定区域贫困地区（脱贫地区）"造血"式综合补偿研究更是寥寥无几。

理论上，生态补偿与扶贫联系在一起曾一度遭到质疑，认为会混淆生态补偿的目的。随着理论与实践的推进，生态补偿在扶贫中发挥的巨大作用受到学者的广泛关注。任世丹在其博士论文《贫困问题的环境法应对》中阐述，针对次生贫困问题，环境法采用旨在实现"利益共进"的法律原则，其中就包括受益者补偿原则；[2]张蓬涛等基于环境权利与义务的公正分配，论述了对于退耕还林的环京津贫困地区生态补偿的必要性和补偿标准；[3]张丽荣等探索了生物多样性保护与减贫协同发展模式；[4]王曙光、王丹莉基于藏北草原生态补偿的实地考察，肯定了草原生态补偿对于减贫的积极作用，认为应当构建减贫与生态保护双重目标

---

〔1〕 See Bruno Locatelli, et al., "Impacts of payments for environmental services on local development in Northern Costa Rica: A fuzzy multi-criteria analysis", *Forest Policy and Economics*, Vol.10, No.5., 2008, pp.275-285.

〔2〕 参见任世丹：《贫困问题的环境法应对》，武汉大学 2011 年博士学位论文。

〔3〕 参见张蓬涛等：《基于退耕的环京津贫困地区生态补偿标准研究》，载《中国水土保持》2011 年第 6 期。

〔4〕 参见张丽荣等：《我国生物多样性保护与减贫协同发展模式探索》，载《生物多样性》2015 年第 2 期。

兼容的长效机制。[1]

随着生态补偿与扶贫联系日益紧密，为破解贫困地区经济社会和生态环境协调发展的难题，2016 年 4 月，国务院办公厅公布《关于健全生态保护补偿机制的意见》，提出"开展贫困地区生态综合补偿试点，创新资金使用方式"。此基础上，曹忠祥尝试对贫困地区生态综合补偿的原则、思路、目标等进行综合设想，认为贫困地区生态综合补偿应该坚持生态保护和民生改善相统一、区际公平和责权利对等、政府调控和市场机制相结合、因地制宜和循序渐进等原则，推动生态补偿政策由单要素补偿向区域补偿转变，提高补偿资金的使用效率。[2]此观点构建了贫困地区生态综合补偿的框架，认识到了提高补偿资金使用效率的重要性，但没有从财政视角专门研究生态综合补偿转移支付制度。

生态补偿转移支付研究多集中于经济学领域，高小萍编著的《我国生态补偿的财政制度研究》一书以及杨晓萌的博士论文《生态补偿机制的财政视角研究》，主要从经济学的角度建构了我国生态补偿的财政制度框架及配套制度。近年来学者更关注区域间生态补偿的横向转移支付，如杜振华、焦玉良指出应该建立横向转移支付制度实现生态补偿，并研究了区际生态转移支付基金制度。[3]郑雪梅认同建立生态补偿基金制度来进行贫困地区和主体功能区生态补偿横向转移支付。[4]余璐、李郁芳认为中央政府的纵向转移支付有存在的必要，但若占据主导地位则弊大于利。地方政府之间应该加强横向联系，以更多地承担地区生态补偿的

---

[1] 参见王曙光、王丹莉：《减贫与生态保护：双重目标兼容及其长效机制——基于藏北草原生态补偿的实地考察》，载《农村经济》2015 年第 5 期。

[2] 参见曹忠祥：《贫困地区生态综合补偿的总体设想》，载《中国发展观察》2017 年第 22 期。

[3] 参见杜振华、焦玉良：《建立横向转移支付制度实现生态补偿》，载《宏观经济研究》2004 年第 9 期。

[4] 参见郑雪梅：《生态补偿横向转移支付制度探讨》，载《地方财政研究》2017 年第 8 期。

责任。[1]

法学领域，陈少英教授在其《建立与完善我国生态补偿的财税法律机制》一文指出应从制定或完善财政转移支付法、预算法、国债法、彩票法、财政投资法和生态税法等方面来健全我国生态补偿的财税法律机制。李亮、高利红认为，我国重点生态功能区生态补偿转移支付法律机制设计应当遵循益贫原则，构建以权利为本位的生态扶贫法律机制；[2]覃甫政构建了生态补偿转移支付的法律原则，认为法定原则和生态保护优先原则构成其基本原则；衡平性、效率性、科学性、激励性和透明性构成其适用原则。[3]

（三）国内外研究述评

总体上，突出"造血"补偿、全面系统研究贫困地区生态综合补偿的纵横向转移支付法律制度尚处空白地带。现有研究重横向转移支付制度构建，缺纵向转移支付制度的梳理与成效考察；重生态补偿转移支付的一般性研究，缺乏对特定贫困地区（脱贫地区）的专门具体性研究。

梳理国内相关研究与实践，我国贫困地区（脱贫地区）生态综合补偿转移支付研究呈现如下特点：一是贫困地区（脱贫地区）的生态补偿已经得到了学者的关注，但贫困地区综合生态补偿缺乏研究；二是已有贫困地区（脱贫地区）生态补偿转移支付的立法现状、实施效果以及存在的问题等缺乏全面、系统地梳理；三是现有研究多从单一要素补偿来研究贫困地区（脱贫地区）的生态补偿问题，缺乏综合性补偿发展的研

---

〔1〕 参见余璐、李郁芳：《中央政府供给地区生态补偿的内生性缺陷——多数规则下的分析》，载《中南财经政法大学学报》2010 年第 2 期。

〔2〕 参见李亮、高利红：《论我国重点生态功能区生态补偿与精准扶贫的法律对接》，载《河南师范大学学报（哲学社会科学版）》2017 年第 5 期。

〔3〕 参见覃甫政：《论生态补偿转移支付的法律原则——基于生态补偿法与财政转移支付法耦合视角的分析》，载《北京政法职业学院学报》2014 年第 2 期。

究，这忽视了贫困地区（脱贫地区）特殊的生态与发展关系，在脱贫攻坚和相对贫困长期存在的背景下，如何科学有效地构建贫困地区（脱贫地区）生态补偿转移支付法律制度非常重要，也是扶贫工作法制化的重要组成部分。

当前，我国贫困地区已全部实现脱贫，巩固脱贫攻坚成果已经同乡村振兴战略有效衔接，生态脆弱脱贫地区和原深度贫困地区的生态保护补偿依然意义重大，事关全面建成小康社会，事关增进人民福祉，事关巩固党的执政基础，事关国家长治久安。基于此，本研究立足于脱贫地区生态问题、相对贫困问题、发展问题交织在一起的现状，以及生态保护、巩固脱贫攻坚成果与乡村振兴战略的实际需求，从创新财政转移支付路径视角详细论述脱贫地区生态综合补偿的实现，并对贫困地区（脱贫地区）生态综合补偿转移支付的立法理念、法治完善路径等进行系统的、深入的研究，以期有所突破，为我国乡村振兴、深度扶贫工作和生态补偿立法提供参考并有益于实践。

三、研究思路、主要内容和研究方法

（一）研究思路

本研究主要思路如图 1-1：

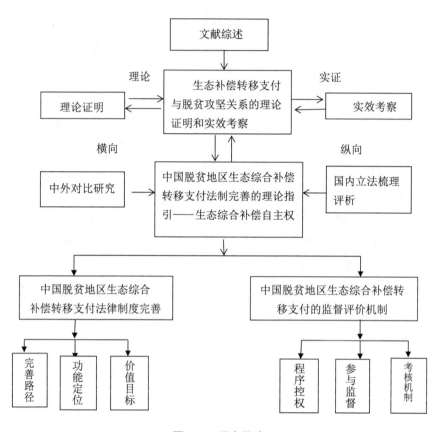

图1-1　研究思路

（二）主要内容

除导言外，本研究共分为六部分：

第一部分，生态综合补偿转移支付与脱贫攻坚关系的理论证明和实效考察。在贫困地区（脱贫地区）生态综合补偿内涵和理论基础阐释的基础上，对生态综合补偿转移支付与脱贫攻坚的关系进行理论证明，认为贫困地区生态综合补偿是实现生态补偿落地、精准扶贫推动脱贫攻坚的新路径，而贫困地区生态综合补偿转移支付又是影响贫困地区生态综合补偿的重要力量。因此，可以说贫困地区生态综合补偿转移支付是实现脱贫攻坚的重要支撑；实践角度的实效考察表明，生态补偿转移支付与脱贫解困关系密切。同时论述了乡村振兴背景下脱贫地区生态综合补偿转移支付的现实与困境，为后文研究奠定基础。

第二部分，中国脱贫地区生态综合补偿转移支付立法梳理与评析。从中央和地方立法两个层面阐述了脱贫地区生态综合补偿转移支付立法的概况，综合分析了脱贫地区生态综合补偿转移支付立法特点及其存在的问题，在此基础上深入剖析了脱贫地区生态综合补偿转移支付立法不足的原因。

第三部分，生态补偿转移支付扶贫立法的国际经验。概括阐述了国外生态补偿转移支付扶贫立法的理论基础与现状，论述了美国、巴西、哥斯达黎加、墨西哥等国家生态补偿转移支付扶贫立法，总结了国外生态补偿转移支付扶贫立法的特点及对我国的启示，为中国生态综合补偿转移支付扶贫立法提供了经验。

第四部分，生态综合补偿自主权的提出及其法治路径。提出生态综合补偿自主权的概念，对其理论基础和内容进行了深入分析，并对其法治保障路径进行了架构。这成为脱贫地区生态综合补偿转移支付法律制度完善的理论指引。

第五部分，中国脱贫地区生态综合补偿转移支付法律制度完善。深入剖析了中国脱贫地区生态综合补偿转移支付法律制度建设的价值目标和功能定位，结合前文所述内容和理论指引，为中国脱贫地区生态综合补偿转移支付法律制度完善提出具体建议。

第六部分，中国脱贫地区生态综合补偿转移支付的监督评价机制。从程序控权、参与监督和目标问责三方面构建有效的脱贫地区生态综合补偿转移支付控权监督机制；在考察现有相关生态综合补偿转移支付评价体系的基础上，为重建适应脱贫地区生态综合补偿的整体性考核评价机制，提出了几点参考意见。

（三）研究方法

本研究综合运用以下研究方法：

1. 经济学和法学研究相结合的方法。采用经济学方法，主要是研究生态综合补偿转移支付与脱贫解困的关系；采用法学研究方法，主要是为脱贫地区生态综合补偿财政转移支付法制建设进行理论架构及制度建设梳理。

2. 历史纵向分析与国际横向比较相结合的方法。系统梳理中国脱贫地区生态综合补偿转移支付制度立法演进历程，总结其发展规律和历史经验；同时参考美国、巴西、哥斯达黎加、墨西哥等国家的一些成功做法，为我国脱贫地区生态补偿转移支付法制完善提供经验借鉴。

3. 规范分析与实证分析相结合的方法。本研究主要着眼于法学的规范方法研究，力图进行相关法制完善。同时研究过程中制作了问卷，了解专家学者、相关政府工作人员及护林员等对脱贫地区生态综合补偿的看法，为本书的理论研究提供现实参考。

四、主要创新点

1. 选题具有针对性和前沿性。本研究以贫困地区（脱贫地区）生态综合补偿转移支付法制研究立题，结合贫困理论和生态补偿理论有新意，紧扣生态补偿脱贫的关键问题——资金来源和使用绩效困境，具有很强的针对性；同时突破生态综合补偿研究重于概括式分析局限，侧重于贫困地区（脱贫地区）生态综合补偿转移支付这一具体制度构建研究，呼应了脱贫攻坚、乡村振兴以及全面建成小康社会宏伟目标。

2. 提出了生态综合补偿自主权的概念。生态综合补偿自主权的提出为脱贫地区生态综合补偿转移支付法制完善提供了理论指引。

3. 创新了脱贫地区生态综合补偿转移支付法制体系构建思路。构建脱贫地区生态综合补偿转移支付法治体系的常见思路是完善相关立法，但如果单一强调立法的作用，可能形成"形式法治"，没有回应脱贫地区生态综合补偿的现实问题，从而难以阐释脱贫地区生态综合补偿转移支付法制体系的真谛。贫困地区生态综合补偿转移支付法制化需要避免权力控制的模糊性，从生态补偿转移支付制度本身来探寻有利于贫困缓解的规则设计。保障脱贫地区可持续发展权是脱贫地区生态综合补偿转移支付制度构建的正当性基础。脱贫地区生态综合补偿转移支付法制化的核心应是权利化的脱贫地区生态综合补偿转移支付。

五、相关说明

关于贫困地区与脱贫地区名称使用问题。本研究依托国家社科基金项目《脱贫攻坚背景下贫困地区生态综合补偿转移支付法制研究》而成，研究过程中贫困地区已全部脱贫。不过，贫困地区脱贫前后，生态补偿持续推进，生态综合补偿转移支付对巩固生态脱贫成果有重要价值，甚至于乡村振兴背景下更具有独特意义，本书的研究意义明确。但在贫困地区已经脱贫的背景下，书中一般用脱贫地区替代贫困地区，只在特殊语境下使用贫困地区一词。

生态综合补偿转移支付与脱贫攻坚
关系的理论证明和实效考察

　　贫困地区生态补偿转移支付的初衷是引导贫困地区加强生态保护，并改善民生。随着生态补偿向生态综合补偿的发展，贫困地区生态综合补偿要实现生态保护和缓解贫困"双赢"，作为生态补偿的重要方式，生态补偿财政转移支付不仅与引导贫困地区加强生态保护有关，还与贫困地区脱贫解困关系密切。

一、脱贫地区生态综合补偿的内涵及理论基础

　　2019 年 11 月 15 日国家发展改革委印发《生态综合补偿试点方案》，要求在安徽、福建、江西、海南、四川、贵州、云南、西藏、甘肃、青海共 10 个省份 50 个县推广试点生态综合补偿，表明生态补偿资金综合使用在国家政策层面趋于制度化。但生态综合补偿最初试点是针对贫困地区适用，见于 2015 年 11 月 29 日《中共中央、国务院关于打赢脱贫攻坚战的决定》，以及 2018 年国家发展和改革委员会、原国家林业局、财政部、水利部、农业部、原国务院扶贫办六部门共同制定《生态扶贫工作方案》，是一种精准扶贫的方略，通过创新生态补偿资金的使用方式，实现生态保护和缓解贫困"双赢"。贫困地区脱贫以后，生态综合补偿仍是缓解相对贫困，促进脱贫地区经济社会发展的重要手段。

（一）脱贫地区生态综合补偿的内涵

1. 脱贫地区的界定。

脱贫地区是指 2020 年年底已经脱贫的全国 832 个贫困县，具体包括 680 个集中连片特殊困难县（市）和 152 个片区外国家扶贫开发工作重点县。连片特困地区，指按照集中连片、突出重点、全国统筹、区划完整的原则，以 2007 年~2009 年共 3 年的县域人均地区生产总值、人均县域财政一般预算性收入、县域农民人均纯收入等 3 项指标均低于同期西部平均水平的县（市、区），以及自然地理相连、气候环境相似、传统产业相同、文化习俗相通、致贫因素相近的县。全国共 14 个片区 680 个县，包括 11 个连片特困地区和实施特殊扶持政策的西藏、四省藏区、新疆南疆三地州，其中国家扶贫开发工作重点县有 440 个，民族自治地方县 371 个，革命老区县 252 个，陆地边境县 57 个。国家扶贫开发工作重点县，按照《中国农村扶贫开发纲要（2011－2020 年）》进行调整，按照扶贫标准为"农民人均纯收入 2 300 元（2010 年不变价）"，2012 年国家扶贫开发领导办公室公布了《国家扶贫开发工作重点县名单》，共计 592 个，其中 440 个县在连片特困地区内，152 个县在连片特困地区外。[1]

集中连片特殊困难地区基本特征是"集中连片"和"特殊困难"。"集中连片"意味着这些地区一般都在村与村、乡与乡、县与县、市与市，甚至省与省的接合部，也即挨邻连接。特别情况下，从地域上看，也可以有小部的不连接。"特殊困难"主要指生存环境恶劣、基础设施薄弱、公共服务滞后，常规扶贫手段举措难以解决贫困人口脱贫致富问题，扶贫任务异常艰巨，扶贫难度大、投入成本高等。[2]这些地区具有如下特征：

第一，贫困现状集中连片。"集中连片"——人口集中，地域连片。

---

〔1〕　参见《国家扶贫开发工作重点县和连片特困地区县的认定》，载 https://www.gov.cn/gzdt/2013-03/01/content_ 2343058. htm，最后访问日期：2023 年 6 月 8 日。

〔2〕　参见徐丽媛：《法治视野下中部贫困地区经济社会发展竞争力比较研究》，知识产权出版社 2016 年版，第 41 页。

贫困人口集中分布在山区、丘陵地区或限制开发区；区域主要分布在山区，特别是群山连绵区。

第二，贫困成因复杂多样。贫困成因既有自然的、社会的，又有民族的、宗教的；既有历史的、政治的，也有现在的、体制的。

第三，贫困程度深沉难解。贫困问题不仅在于贫困面积大、贫困人口众多，而且重要的是贫困程度深，解决难度大，具有人口困难、财政困难、扶贫困难的综合性。如中央苏区等由于历史原因曾长期处于战争环境中，致其各种自然资源消耗严重，劳动力资源牺牲量大，基础设施非常落后，处于深沉的贫困状态，解决难度大，需要新的政策、创新扶贫思路。

为解决这些地区深度贫困问题，党的十八大以来，以习近平同志为核心的党中央把脱贫攻坚摆在治国理政的突出位置，把脱贫攻坚作为全面建成小康社会的底线任务，以精准扶贫、精准脱贫为基本方略，组织开展了脱贫攻坚战争。2022 年，国家统计局的《脱贫攻坚战取得全面胜利 脱贫地区农民生活持续改善——党的十八大以来经济社会发展成就系列报告之二十》指出，经过八年接续奋斗，农村贫困人口全部脱贫，绝对贫困得以消除，区域性整体贫困得到解决，脱贫攻坚战取得全面胜利。打赢脱贫攻坚战后，各地区各部门继续深入贯彻落实党中央、国务院决策部署，巩固拓展脱贫攻坚成果，接续推进脱贫地区乡村振兴，脱贫县农村居民收入较快增长，生活质量继续提高。[1]

可见，脱贫地区经济社会持续发展离不开国家政策的支持。现阶段，脱贫地区的生态功能、生态地位不变，有些资源缺乏、生态脆弱的脱贫地区还需要防止因生态问题带来的返贫现象出现，脱贫地区在进行生态建设的过程中，仍然需要国家的大力支持，持续实施生态补偿。

2. 生态综合补偿的涵义。

依据《生态综合补偿试点方案》，生态综合补偿是指以"地区（包括

---

〔1〕 参见《脱贫攻坚战取得全面胜利 脱贫地区农民生活持续改善——党的十八大以来经济社会发展成就系列报告之二十》，载 https://www.stats.gov.cn/xxgk/jd/sjjd2020/202210/t20221011_1889191.html，最近访问日期：2022 年 12 月 12 日。

省、市、县级政府）"为实施主体，以提高地区自我发展能力和生态补偿资金使用的整体效益为目标，有权整合转移支付、横向补偿和市场化补偿等渠道资金，创新生态补偿资金使用方式，实现环境与发展综合决策的一种生态补偿策略。

与生态补偿相比，首先，生态综合补偿以行政地区为实施主体，是解决生态保护的空间（区域）外部性问题的关键。生态补偿是解决多元主体环境外部性的一项基本制度。生态补偿的多元主体主要包括国家、行政机关、法人和个人，[1]具体法律关系依据生态要素不同、补偿方式不同等发生在国家与国家、中央政府与地方政府、地方政府与地方政府、政府与企业（个人）甚至企业（个人）与企业（个人）之间等。生态综合补偿主体较为简单，主要是政府之间，具体法律关系发生在上级政府与下级政府、地方政府与地方政府、地方政府与企业（个人）之间。可以发现地方政府是生态综合补偿必要参与主体，其中省级政府制定生态综合补偿规范，县（市）政府具体落实生态综合补偿。其次，生态补偿制度的发展重在为生态补偿提供整体规范，并为生态补偿充足资金来源、提供法律依据，却缺乏地方具体落实生态补偿资金的规定。可见，生态补偿制度设计处于"中止"状态；生态综合补偿则在多途径资金来源基础上，注重生态补偿资金的使用，能使生态补偿落地，切实维护生态被补偿者的利益，解决生态补偿机制长期以来半路戛然而止尴尬处境。最后，生态综合补偿意涵了地方改革、试错和经验推广的过程。生态综合补偿是针对生态补偿与地区发展交织在一起的新问题、新情况而提出来的改革性的指导对策，对贫困地区生态综合补偿的先行试验，再向其他非贫困县逐步推广，直至将来普及全国。这一试错纠错的过程以及经验的积累，有利于将来进行稳定性、严格性的立法。

与区域生态补偿相比，理论基石都是生态环境的空间外部性内部化，

---

〔1〕 参见王清军：《生态补偿主体的法律建构》，载《中国人口·资源与环境》2009 年第 1 期。

但"空间"的理解又有不同，区域生态补偿以生态职能区划为区划基础，[1]生态综合补偿以行政区划为区划基础。生态职能区划不限于行政区划，还包括了自然区划、生态功能区划等，基本打破行政区划隶属的区域生态补偿有利于横向生态补偿机制的建立。然而，正是因为生态职能区划的广泛性，区域生态补偿所涉及的利益相关区域范围也更广，要清楚勾勒出应获益的利益空间就比较困难。[2]因而，现实中的区域生态补偿仍是以政府为主导，资金来源于中央（上级）政府，或上级政府与相关责任政府共同负担，这其实就与生态综合补偿重视地方政府主体作用的特性相契合了。可以说，生态综合补偿实际是区域生态补偿多年实践经验的结果。

3. 脱贫地区生态综合补偿的含义。

脱贫地区生态综合补偿主要是指全国已经脱贫的贫困县（市），通过整合转移支付、横向补偿和市场化补偿等渠道资金，创新生态补偿资金使用方式；把生态补偿资金与生态保护整体成效相结合，增强地区自我发展能力，实现生态保护与经济社会发展"双赢"；同时让脱贫县（市）的农牧民在参与生态保护中获得应有的补偿，脱贫增收持续推进精准扶贫。具体内涵本书作如下理解：

第一，脱贫地区生态综合补偿本质上是"造血型"生态补偿。生态补偿素有"输血型"生态补偿和"造血型"生态补偿之分。"输血型"生态补偿主要是直接资金补偿；"造血型"生态补偿的主要精神是通过多形式补偿，实现被补偿者的自我发展，使外部补偿内化形成造血机能。[3]"造血型"生态补偿是脱贫县（市）脱贫前后都迫切需要的，对脱贫攻坚、实现可持续发展有重要意义。从国家《生态扶贫工作方案》和地方生态综合补偿方案如《福建省综合性生态保护补偿试行方案》（2018 年）等相

---

〔1〕 参见安晓明等：《生态职能区划：区域生态补偿的区划基础》，载《地域研究与开发》2013 年第 5 期。

〔2〕 参见王昱等：《基于我国区域制度的区域生态补偿难点问题研究》，载《现代城市研究》2012 年第 6 期。

〔3〕 参见沈满洪、陆菁：《论生态保护补偿机制》，载《浙江学刊》2004 年第 4 期。

关规定来看，实施生态综合补偿，能将各渠道补偿资金整合起来，根据地方的实际情况，针对当地生态环境的重点环节、重点领域和重点问题，因地制宜地用于生态建设或生态产业或提供生态岗位，在生态环境保护的同时增强自身全面发展的能力。根据林毅夫先生的自生能力理论，贫困地区只有依靠自身发展，增强自身的造血功能，提升经济社会发展竞争力，才能从根本上解决自身的贫困和发展问题，为生态环境保护提供可持续的资金支持，实现经济社会与环境保护的协调发展。因此，脱贫地区生态综合补偿本质上是"造血型"生态补偿。

第二，生态综合补偿的实施主体为脱贫地区。如前所述，脱贫之前，这些地区贫困人口较多，农民收入水平和生活水平低于国家平均水平，地区经济发展水平也低于国家平均水平，因灾、因病致贫返贫现象严重，扶贫工作艰巨。但这些地区又较多担负国家生态保障功能，属于限制开发或禁止开发区域，需要针对性的生态扶贫，生态综合补偿即是此处特定的扶贫方式，能坚持扶贫开发与生态保护并重，落实国家生态保障功能的同时能实现地区和农牧民增收。脱贫以后，这些地区既要防止返贫，又要实现经济社会可持续发展，能整合生态补偿资金集中力量干实事的生态综合补偿方式的应用，对其有重要意义。

第三，具体方式为在传统的要素补偿的基础之上进行综合补偿。我国生态补偿的方式主要有政府补偿和市场补偿。从 2007 年我国政府预算管理制度重大改革以来，[1]政府生态补偿主要分布在节能环保和农林水事务支出项目中，包括林业补助、天然林保护工程、退耕还林工程、退牧还草工程、三北防护林补助、风沙荒漠治理、三峡库区移民、农业资源及生态保护补助、循环经济发展补助等。我国市场补偿缺乏明确的法

---

〔1〕　2007 年之前生态环境保护财政转移支付并非一个独立的支出科目，而是被寄托在基本建设支出、农林水利气象等部门事业费和三项费用专项支出等部门预算科目之下，没有将生态建设纳入环境保护作为单独的预算科目。2007 年政府收支分类改革全面实施，此后政府预算科目中将环境保护作为独立的功能支出科目单独设置，从政府间纵向关系的角度看，该科目属于中央预算专项转移支付范畴。

律界定，广义上，协商（协议）、交易等形式的生态补偿都被纳入进来，市场化的生态补偿方式主要有水权交易、排污权交易、碳汇交易等，自然要素补偿特征明显。准市场化的横向补偿则主要运用于流域补偿领域。现有生态补偿每种资金的来源一般都以环境要素为界，资金的利用一般"专款专用"，脱贫地区基于生态保护与发展并重的特殊需求，需要打破这种模式，建立综合生态补偿模式，主要通过创新生态补偿资金使用方式，整合转移支付、横向补偿和市场化补偿等渠道资金，统筹用于环境保护和地区发展。

第四，脱贫地区生态综合补偿资金利用多元化。脱贫地区需要综合性的生态补偿，整合各项生态补偿资金的利用，除了直接给予相对贫困户资金补助外，还可以统筹用于生态工程建设，组织相对贫困户参与，增加其收入；也可以用于设立公益性生态岗位，让相对贫困户参加生态管护工作，增加其工资性收入；也可以用于发展生态产业，通过土地流转、入股分红、合作经营、劳动就业、自主创业等方式，拓宽相对贫困户增收渠道，让农牧民在参与生态保护中获得应有的补偿，落实精准扶贫。被中央农办确定为全国农村综合改革联系点的广州市白云区开展了生态补偿扶贫综合施策，制定了《白云区建立区级扶贫帮困及生态补偿长效机制工作方案》，通过建立激励基金形式，将生态补偿资金统筹用于农地、林业环境保护、低收入者民生保障、贫困村公共设施建设和基层组织建设等，形成扶贫帮困生态保护的长效机制。[1]

（二）脱贫地区生态综合补偿的理论基础

脱贫地区生态综合补偿是生态补偿、贫困缓解以及国家财政事权改革多方面理论与实践发展到一定阶段的产物，不仅是水到渠成，而且在生态学、经济学和法学方面也有着深厚的理论基础。脱贫地区生态综合

---

〔1〕 参见朱名宏主编：《广州蓝皮书：广州农村发展报告（2017）》，社会科学文献出版社 2017 年版，第 5~6 页。

补偿的实施有利于促进社会公平、维护社会公正、提升生态资本的转化效率，实现可持续发展。

1. 反贫困理论——促进社会公平。

公平是人类社会共同认可的价值取向。亚当·斯密曾指出，公平正义"犹如支撑整个大厦的主要支柱，如果这根柱子松动的话，那么人类社会这个雄伟而巨大的建筑必然会在顷刻之间土崩瓦解"[1]，因此，社会公平成了各个国家永恒追求的理想和目标。扶贫正是为了促进社会公平。扶贫主要是在国家收入再分配过程中，通过供给特殊的扶贫资源，扶持贫困的农村、农户发展生产，改变穷困的面貌。具体需要找到致贫的原因、采取精准扶贫的方式、提升贫困者自我发展的能力，以实现起点公平、机会公平和结果公平。

迪帕·纳拉扬等在《呼唤变革》一书中指出，致贫的原因是多维的，包括空间贫困、身体贫困、能力缺乏贫困和政策体制致贫等。[2]其中，空间贫困理论指出穷人居住的地区通常是山地丘陵区，偏远地区，干旱地区，容易受到山崩、洪水和污染危害的地区，距离水源太远或是太近的地区以及天气变化极端恶劣的地区。多维贫困理论告诉我们，贫困是多维度的，导致贫困的原因也是多方面的。生态贫困是生态环境恶化而导致的贫困，[3]贫困地区经济社会发展态势与生态背景密切相关。我国的发达地区，大多位于沿海和江河下游地带，某些内陆的盆地和平原地带，因为地势平坦、水运便利、土层深厚等诸多有利条件，也推动了经济高速发展。发达地区的生态背景都具有以下特征：第一，地势相对平坦，海拔较低，土层深厚，大多属于湿地生态系统；第二，这些地区有利于水稻等农作物的生长，随着水稻高产稳定技术的发明，地方的经济

---

〔1〕　[英] 亚当·斯密：《道德情操论》，蒋自强等译，商务印书馆1997年，第106页。

〔2〕　参见 [美] 迪帕·纳拉扬等：《呼唤变革》，姚莉等译，中国人民大学出版社2002年版，第41~48页。

〔3〕　参见陈南岳：《我国农村生态贫困研究》，载《中国人口·资源与环境》2003年第4期。

实力得以较快地增长。[1]

我国的脱贫地区主要分布在东部丘陵山区、平原低洼盐碱地区、中部山地高原及西部沙漠高寒山原等生态脆弱地带，[2]不同的地理环境有其独特的生态系统。从历史角度看，异质生态系统与贫困的粘连并不是其固有属性使然，而是被迫接受的"人祸"。[3]"人祸"主要体现为不适当的资源利用方式，即资源利用方式与生态系统不相兼容，从而造就了贫困与特定生态系统在空间分布上的高度重合。如大兴安岭和燕山两个连片贫困区最初处于原生态森林生态系统，后来内地居民涌入，人口压力增大、耕地短缺，政策又允许自由开垦，平原地区旱地农耕手段使森林生态系统遭受灭顶之灾，快速退变为荒漠草地生态系统，呈现出生态退位、人口贫困局面。可见，脱贫地区经济贫困是其表面特征，深层原因往往是环境贫瘠，如果开垦初期就采取农林牧相结合的资源利用模式，那么原生态的森林生态系统不可能快速退化，农民也不会流离失所。因此，脱贫地区要解决贫困问题，不能单从贫困或单从生态入手，而需综合考虑贫困与生态问题。多形式的生态补偿扶贫正是考虑生态环境保护和经济社会发展的"双赢"扶贫模式，有利于弥补贫困者初始资源禀赋的稀缺，增加贫困群体的比较优势，提升贫困群体财富获取与财富再造能力，实现起点公平。

贫困文化理论试图为"扶贫—脱贫—返贫"这一恶性循环现象提供解决思路。这一理论以美国学者刘易斯为代表，刘易斯等人认为，贫困形成了一种亚文化，即贫困文化。所谓"贫困文化"就是贫困阶层所具有的一种独特生活方式，是长期生活在贫困之中的一群人的行为方式、习惯、风俗、心理定势、生活态度和价值观等非物质形式。[4]

---

〔1〕 参见杨庭硕：《生态扶贫导论》，湖南人民出版社 2017 年版，第 77~81 页。

〔2〕 参见麻朝晖：《贫困地区经济与生态环境协调发展研究》，浙江大学出版社 2008 年版，第 8~24 页。

〔3〕 参见杨庭硕：《生态扶贫导论》，湖南人民出版社 2017 年版，第 77~81 页。

〔4〕 参见方清云：《贫困文化理论对文化扶贫的启示及对策建议》，载《广西民族研究》2012 年第 4 期。

贫困文化是在对贫困现象的长期适应的基础上形成的。对于长期生活于贫困中的人们来说，他们必须面对贫困的物质事实，并以这样一个事实为基础建构自己的生活方式、思维理念和价值体系。超出现实的愿望或目标得到的往往是失望和无奈。贫困文化作为一种社会存在，一旦形成，就会影响到整个贫困区域的人，并一代一代地传递下去。美国经济学家约翰·肯尼思·加尔布雷斯（J. K. Galbrath）称之为"对贫困的接纳"，即这种贫困文化产生了宿命论意识和接受了被注定的状态，从而形成了自我保存的贫困链，[1]因此，针对穷人的反贫困计划必须首先考虑他们的贫困文化。

一般认为，针对贫困文化，扶贫可能要改变救济式输入性扶贫以及扶贫"一阵风"的做法，需要持久用力根除恶性循环的贫困文化。具体做法是采取造血建设性扶贫，立足于特定贫困地区的经济、社会、文化、生态特点，制定实施精准扶贫计划。生态综合补偿是这种造血型生态扶贫模式，坚持了"山水林田湖草是一个生命共同体"系统思维，将各种环境要素生态保护和生态产业发展、贫困人口增收紧密联系在一起，让贫困地区可以审视生态退变前的传统资源利用方式，找出正确的符合自身所处生态系统的资源利用方式，依据生态规律自主选择保护和发展的重点，分阶段、分步骤有序地推进经济和生态综合发展，实现经济效益与生态效益的统一。生态综合补偿有利于地方落实精准扶贫，也有助于增强贫困者获取新的资本性资源的能力，实现机会公平和结果公平。

2. 环境正义理论——维护社会公正。

彼得·S. 温茨的《环境正义论》是关于环境正义的经典论著。注重于分配正义的诸多理论分析，所关心的主要是那些在利益与负担存在稀缺与过重时应如何进行分配的方式问题。[2]彼得·S. 温茨的环境正义论

〔1〕　参见约翰·肯尼斯·加尔布雷斯：《贫穷的本质》，倪云松译，东方出版社 2014 年版，第 57~69 页。

〔2〕　参见 [美] 彼得·S. 温茨：《环境正义论》，朱丹琼、宋玉波译，格致出版社、上海人民出版社 2021 年版，第 9~10 页。

建立在罗尔斯公平"分配"正义理论基础上，订立"分配"的最佳原则是正义的最大功能。彼得·S. 温茨也发展了分配正义论，强调对无知觉的环境构成成分如有机物、动植物物种、生物群落和岩石圈等的责任，认为每个生物都具有固有的价值，人们应当出于对物种的持续存在与环境体系的持续健康的关怀而限制他们自身的活动。

近年来，随着正义理论的多元发展，"参与"、"承认"与"能力"等概念正拓展正义内涵。[1]艾丽斯·杨强调仅靠"分配"理论解决不了环境风险和危害的发生源头，唯有兼顾程序自决权利，使受影响个体有权决定所谓的环境消极负担和补救条件，才有机会解决相关环境争议。[2]"承认"正义观认为对所有"参与"者予以同等尊重，确保所有人拥有达成社会尊敬的平等机会。[3]"承认"正义试图解决因贫穷及弱势等因素所形成的环境"不正义"现象。"能力"正义主要关注的是人们有没有能力（如享有权利）去达成正义。实际上，多元环境正义理论与生态补偿扶贫是相通的，都关注贫困人口或弱势群体利益的实现，尊重自然资源、保护弱势群体、实现人与自然的和谐共生。

同时，约翰·罗尔斯关于公平的正义理论的一个核心思想认为，社会经济相关制度和政策安排方面，既要承认差别的存在，又要"合乎最少受惠者的最大利益"[4]。亚当·斯密强调，有大部分成员陷于贫困悲惨状态的社会，决不能说是繁荣幸福的社会。[5]只有能带来"最大多数人最大幸福"的，使社会大多数人境遇得到改善的那种社会制度才有价

---

〔1〕 参见戴小俊：《环境正义的理论诠释与践履路径》，载《社会科学家》2022 年第 10 期。

〔2〕 See Kristin Shrader-Frechette, *Environmental Justice: Creating Equality, Reclaiming Democracy*, Oxford University Press, 2002, pp. 23-48.

〔3〕 See Nancy Fraser, "Recognition without Ethics?", *in The Culture of Toleration in Diverse societies*, Manchester University Press, 2018.

〔4〕 [美] 约翰·罗尔斯：《正义论》，何怀宏等译，中国社会科学出版社 2009 年版，第 47 页。

〔5〕 Mancy Fraser, "Recognition Without Ethics?", *Theory Culture & Society*, Vol. 18, No. 2-3., 2001, pp. 21-42.

值合理性。生态补偿制度在不同的环境要素和不同区域方面是具有差异性的，如何使最少受惠者获得最大利益，可能具体的地区更有发言权，拥有生态综合补偿的自主性是实现正义的重要保障。对脱贫地区单项环境要素专门的补偿确实能带来看得见的短暂利益，但与生态综合补偿自主权的赋予相比，就是"输血式"补偿与"造血式"补偿的区别。英国著名法学家哈耶克强调"正义很难有肯定性的标准，正义是我们对特定事实的永恒无知的一种调适或应对"〔1〕，代表正义的正当行为规则是经过漫长的进化过程发展起来的。脱贫地区生态综合补偿正是生态补偿制度和缓贫制度经过长期发展的产物，也是实践经验的总结。

3. 环境资源价值理论——提升生态资本的转化效率。

效率是公平的基础，是正义的标准。效率的提高确实会带来贫富差距问题，但公平的最终实现是以效率的极大提高为基础的。效率提高了，财富增加了，公平正义的实现才有更大可能。亚当·斯密认为："不是在社会达到绝顶富裕的时候，而是在社会处于进步状态并日益富裕的时候，贫穷劳动者，即大多数人民，似乎最幸福、最安乐。在社会静止状态下，境遇是艰难的；在退步状态下，是困苦的"。〔2〕有效率的是正义的，有效率的社会对贫困人群是有益的。

实现地区经济社会有效率发展，需要提升经济社会发展竞争力，将比较优势转变为竞争优势，持续改善民生。生态环境可能是某些地区贫困的根源，但也可能是其发展的重要资源，是其竞争优势。环境资源价值理论已经得到普遍认可是最好的证明。马克思的劳动价值理论依然是环境资源价值论的支撑，因为在现代社会，环境资源的生产都直接或间接地投入了大量的人类劳动，如水土保持，森林维护等，自然资源成为劳动产品具有了价值；同时环境资源的稀缺理论也表明了环境资源本身

---

〔1〕 ［英］弗里德利希·冯·哈耶克：《法律、立法与自由》（第二、三卷），邓正来等译，中国大百科全书出版社 2000 年版，第 61 页。

〔2〕 参见 ［英］亚当·斯密：《国民财富的性质和原因的研究》（上卷），郭大力、王亚南译，商务印书馆 2017 年版，第 79 页。

的价值，环境资源不能无限提供给人类加以使用。1967 年美国经济学家克鲁梯拉（John krutilla）在其发表的《自然保护的再认识》一文中，提出了"舒适型资源的经济价值理论"，认为当代人直接或间接利用舒适型资源获得的经济效益是其"使用价值"，当代人为了保证后代人能够利用而做出的支付和后代人因此而获得的效益是其"选择价值"，人类不是出于任何功利的考虑，只是因为舒适型资源的存在而表现出的支付意愿，是其"存在价值"。[1]

环境资源的价值日益明显，这就成了具有资源禀赋的脱贫地区的比较优势，如何将比较优势转变为竞争优势，将生态优势转变为生态资本，需要在资源禀赋的基础上加上后天创造。具体而言，不能将其环境资源仅仅停留在"好风景"上，需要能够兼顾实现经济发展和生态保护双重目标的策略。经济学理论上认为，社会经济系统生产和消费的产品的价值，不仅来自劳动生产，也来自自然环境。要使社会经济系统持续发展，就必须使自然环境系统也持续发展，这就要求社会经济系统对自然环境系统做出应有的补偿，以体现环境资源的价值。在通过生态补偿彰显环境资源价值的道路上，只有探索生态综合补偿创新环境资源价值的多元转化路径，才能形成脱贫地区的竞争优势，实现其可持续发展。

4. 可持续发展理论。

众所周知，可持续发展指发展既满足当代人的需要又不对后代人满足其需要的能力构成危害的发展。其中，满足人们的需要是其核心内容之一，满足需要首先就是要满足贫困人口的基本需要。可见，可持续发展本质上是反贫困的，消除贫困是可持续发展的重要目标，也是实现可持续发展的重要前提。没有贫困人口的发展，人类的发展是不协调的。

限制是可持续发展的另一重要内涵。要求人类的发展尊重自然生态

---

〔1〕 参见张培刚：《微观经济学的产生和发展》，湖南人民出版社 1997 年版，第 294~319 页。

规律，即使是贫困地区的发展也应该以自然资源为限制。1989 年，联合国环境规划署理事会通过的《关于可持续发展的声明》指出：可持续发展意味着要维护、合理使用并提高自然资源基础，这种基础支撑着生态抗压力及经济的增长。可持续发展还意味着在发展规划和经济政策中纳入对环境的关注与考虑。可见，可持续发展更注重长远发展和发展的质量，强调人口、资源、环境、经济和社会的综合协调发展。改变"高投入、高消耗、高污染"的增长方式为集约型的循环经济发展模式，谋求自然–经济–社会复合系统的持续、稳定、健康的发展。可持续的减缓贫困的方式，就是让贫困者成为减缓贫困的主体，提高贫困人口和贫困地区自我发展的能力，使他们主动采取更为有效的资源利用方式，统筹兼顾是其根本方法。统筹兼顾强调在现代化建设进程中，要统筹城乡发展、统筹区域发展、统筹经济社会发展、统筹人与自然和谐发展等使各个方面的发展相适应相协调。如果没有找到资源利用的替代方式，又急需进行环境管制的地区，则可以采取生态补偿的方式维护这些依赖资源谋生的贫困人口的利益，使他们的生计得以保障。

二、生态综合补偿转移支付与脱贫攻坚关系的理论证明和实效考察

"生态补偿与'扶贫'是有区别的"[1]，但两者之间的内在联系十分紧密，不容抹杀。生态补偿是扶贫的重要手段。生态综合补偿转移支付与脱贫攻坚关系的理论证明，主要是借鉴逻辑学上演绎推理方法来论证生态综合补偿转移支付与脱贫攻坚的关系。生态综合补偿转移支付与脱贫攻坚关系的实效考察，主要是通过参考学术文献和调研相关实践，考察生态综合补偿转移支付在精准扶贫方面的实际效果和通行做法。

---

〔1〕　张锋：《生态补偿法律保障机制研究》，中国环境科学出版社 2010 年版，第 8~10 页。

（一）生态综合补偿转移支付与脱贫攻坚关系的理论证明

1. 贫困地区生态综合补偿是精准扶贫推动脱贫攻坚的新路径。

（1）贫困地区生态综合补偿的运行机理。

贫困地区生态综合补偿的运行机理主要围绕生态补偿资金统筹整合、生态综合补偿项目使用和生态综合补偿监管三方面分阶段进行。首先，是资金统筹整合的权力，其整合依据和整合范围明确，这需要中央、省级政府提供法律法规政策支持，保障资金，构建长效机制；其次，涉及资金具体分配使用，贫困地区应有具体使用规划，纳入财政预算，将生态综合补偿资金分类，包括一般项目资金和额外奖补资金，这需要灵活的资金供需匹配机制，也需要创新资金管理模式，让贫困地区享有更多资金安排方面的自主性。最后，贫困地区生态综合补偿的运行需要监督管理与考核评价，为奖惩机制操作提供依据。包括运行中的监督管理和事后的考核验收阶段，需要制定主管部门权责匹配机制，以及建立适应生态综合补偿的考核评价机制。具体运行机制见图2-1。

依据上述运行机理，贫困地区生态综合补偿的实现，需要突破"两个原则"和满足"三个期待"。突破"两个原则"主要是指突破生态补偿专项转移支付资金"专款专用"原则、横向生态补偿和市场化生态补偿单一行政性"契约"原则。"三个期待"主要是指贫困地区期待生态补偿资金逐步加大、期待落实生态补偿资金统筹整合长效机制、期待生态补偿考核评价方式从"单要素"向"综合"转变。例如，在目前生态补偿财税体制下，贫困地区生态补偿资金主要来自中央和省级的政府补偿资金，可支配的财力有限。"生态工程建设资金不足""贫困人口因保护生态环境收入不高"等仍是贫困地区生态补偿面临的主要问题。在这种情况下，争取上级政府的更多生态补偿资金就成了贫困地区耗时耗力的重要工程，项目和资金争取成本相应提高。再比如，横向生态补偿协议主要在政府之间签订，具有行政性特定范围较窄、模式固定等特点，属单一行政性契约，自主性不强，等等。

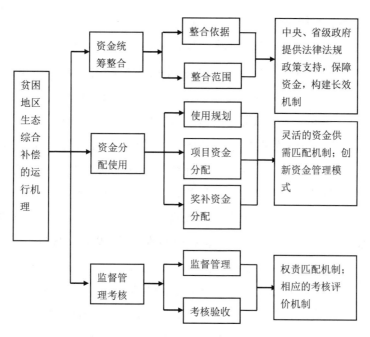

图 2-1　贫困地区生态综合补偿的运行机理

（2）贫困地区生态综合补偿有利于生态补偿落地、精准扶贫推动脱贫攻坚。

贫困地区生态综合补偿能使生态补偿落地，切实维护生态被补偿者的利益，通过精准扶贫推动脱贫攻坚，进而实现生态改善和缓解贫困"双赢"。《中华人民共和国环境保护法》（以下简称《环境保护法》）第31 条第 2 款规定，国家加大对生态保护地区的财政转移支付力度。有关地方人民政府应当落实生态保护补偿资金，确保其用于生态保护补偿。然而，现有的生态补偿立法和相关政策对中央（上级政府）到地方（下级政府）生态补偿实体和程序性方面内容有较为明确规定，缺乏地方具体落实生态补偿的规定，生态补偿走到一半就戛然而止了。允许贫困地区生态综合补偿，并逐步规范化，重点用到精准扶贫方面，能切实提高贫困地区和贫困人口的利益，是生态补偿真正落地的重要一环，搭建了补偿者与被补偿者密切联系的桥梁。生态补偿支付人不是高高在上的施舍者，而是真正为被补偿者考虑的关心人。

生态补偿是利益的协调机制，在生态补偿问题上，"利益"是比"权利"更为基础的概念。[1]生态补偿是国家或其他受益的组织、个人对包括退耕还林（草）的实施者、生态林管护者、湿地保护者、水（流域）环境保护者、生态功能区保护的贡献者、珍贵动植物的养护者等人居于环境正外部性行为产生的生态利益的对价补偿，[2]但利益的补偿不能只停留在口头上，应落到实处。生态补偿资金综合使用为这一利益提供了多元的实现路径，实事求是确定被补偿利益主体及补偿力度。只有实现或保障那些为环境生态保护做出积极贡献并付出实际行动的环境功能性价值创造者的对等利益，才能使良好的环境功能得以持续提供。

2. 生态综合补偿转移支付是影响贫困地区生态综合补偿的重要力量。

生态综合补偿转移支付是生态综合补偿的重要资金来源和使用规范，目的是促进生态综合补偿的实施，实现生态保护与经济社会发展整体性效益的增长，形式可以多样，如能统筹安排的生态补偿一般性转移支付，专项生态综合补偿转移支付资金，支出更具灵活性的其他环境单要素专项转移支付等。

第一，转移支付法制理念转变为贫困地区生态综合补偿的产生提供了激励作用。随着财税法功能从宏观调控向国家治理和法治维度的转变，[3]转移支付法制的功能也趋向提升"政府治理"能力。国外财税制度建设重点也是通过转移支付立法和加强程序控制促使地方政府在享受财政转移支付的同时努力培植财源和发展地方经济。[4]2013年中共中央《关于全面深化改革若干重大问题的决定》将财政提升到"国家治理的基

---

〔1〕 参见王清军：《生态补偿主体的法律建构》，载《中国人口·资源与环境》2009年第1期。

〔2〕 参见李永宁：《论生态补偿的法学涵义及其法律制度完善——以经济学的分析为视角》，载《法律科学（西北政法大学学报）》2011年第2期。

〔3〕 参见刘剑文等：《财税法总论》，北京大学出版社2016年版，第169~176页。

〔4〕 参见张婉苏：《我国财税法中转移支付的公平正义——以运行逻辑与实现机制为核心》，载《政治与法律》2018年第9期。

础和重要支柱"的地位。中央对地方专项转移支付绩效目标不仅考核一定时期内提供的公共产品和服务情况以及对经济、社会、生态等带来的影响情况，还考核区域内服务对象受益人对该项产出和影响的满意程度等，注重对政府治理水平的考察。

党的十八届三中全会以来，提升政府治理能力成为全面深化改革的重要内容。一方面，治理理念在更新，"善治"思想逐渐成为主流，"善治"是公共利益最大化的管理过程，法治、责任性、信息灵通、互动等是关键词。"善治"的过程中是多中心的良性互动，权力的向度是多元的，不是单纯的自上而下的权威。"善治"的理念为贫困地区生态综合补偿的实现提供了思想基础。生态补偿不单纯是中央对地方的权威，地方在使本区域生态经济公共利益最大化的过程中应拥有发言权。另一方面，财政是政府治理的基础，"财政事权"改革为贫困地区生态综合补偿的实现创造了条件。2016 年国务院出台了《关于推进中央与地方财政事权和支出责任划分改革的指导意见》强调"赋予地方政府充分自主权"，地方财政自主权是地方自主权在地方财政事务上的投射，[1]因此，充分自主权应包括合法维度内的财政自主权，有利于地方事务的因地制宜的管理，地方政府应被赋予避免为中央政府强迫而偏离其财政自主方向的权力，应"有权统一筹划专项转移支付项目的支出"[2]。"财政事权"改革理论使赋予贫困地区具有生态综合补偿自主权成为可能，有利于贫困地区对生态补偿资金自主统筹使用和监管。

第二，转移支付分层结构转变和"绩效导向"并重有利于贫困地区生态综合补偿的目标实现。转移支付标准影响生态综合补偿资金的规模，存在以生态要素为影响因子的专项转移支付和以生态区域为影响因子的一般性转移支付两种方式。一般性转移支付有利于生态综合补偿的实施，专项转移支付要求"专款专用"，不利于生态补偿资金统筹整合。长期以

---

〔1〕 参见徐键：《地方财政自主权研究》，上海交通大学 2010 年博士学位论文。
〔2〕 参见郭锐：《央地财政分权的"选择构筑"视角 兼论中央财政权力的宪法约束》，载《中外法学》2018 年第 2 期。

来，为了保障生态保护目标的实现，通过多项生态补偿专项转移支付，中央政府影响甚至控制着地方政府生态补偿资金的使用。配合国家财政改革要求逐步将一般性转移支付占比提高到 60% 以上，生态补偿转移支付也在调整分层结构，将一些按因素法分配如将按种植面积进行分配的生态公益林补偿的专项转移支付纳入一般性转移支付，整合归并同类转移支付，希望能形成资金整体合力，提高财政资金使用效益。但单纯依靠转变转移支付分层结构并不能确定生态综合补偿目标的实现。一般而言，固定的分层结构具有压抑主体能动性作用和忽视环境差异性的弊端。[1]有学者指出，财政支出除确保公共性外，还应注重绩效衡量，提高项目管理的效率和计划性。[2]认识到这一点，国家开始注重"绩效导向"，国家《生态综合补偿试点方案》要求省级政府完善考核评价机制，加强地方层面生态综合补偿整体性效益的考核。

第三，生态补偿转移支付奖惩机制能影响贫困地区生态补偿资金支出结构。地方层面，生态补偿转移支付奖惩机制贯彻较为普遍，开始由单因子分类考评的奖惩机制向多因子综合考评的奖惩机制转变。单因子主要考虑土地、森林、水等资源的保护与污染情况，在全省平均水平的基础上决定奖励资金和惩罚资金。多因子的综合考评，如福建省综合考核森林覆盖率，空气质量优良天数比例，空气质量综合指数，主要流域水质优良比例，小流域水质优良比例，集中饮用水水源水质优良比例，重要江河湖泊水功能区水质达标比例，生活污水处理、行政村生活垃圾处理比例，万元规模以上工业增加值能耗下降比例，高标准农田任务完成情况等 11 项指标，在全省平均值基础上确定奖惩资金。生态补偿转移支付奖惩机制，有利于激励贫困地区调整转移支付资金支出结构，优先支持适应生态综合补偿考评的领域。

---

〔1〕 参见夏冬泓：《财政转移支付结构调整困境及其人权再定位》，载《法学杂志》2018年第2期。

〔2〕 See John R. Bartle, "Budgeting, Policy, and Administration: Patterns and Dynamics in the United States", *International Journal of Public Administration*, Vol. 24, No. 1., 2001, pp. 21-30.

综上所述，生态补偿转移支付绩效导向理念的转变，一般性转移支付比例增加，转移支付综合考评机制的运用等都为贫困地区生态综合补偿转移支付落实奠定了基础，同时也对贫困地区生态综合补偿的资金规模、目标实现、考核评价等产生基础性影响。总体上，贫困地区生态综合补偿转移支付是影响贫困地区生态综合补偿的重要力量。

3. 贫困地区生态综合补偿转移支付是实现脱贫攻坚的重要支撑。

既然贫困地区生态综合补偿是实现生态补偿落地、精准扶贫推动脱贫攻坚的新路径，而贫困地区生态综合补偿转移支付又是影响贫困地区生态综合补偿的重要力量，因此，可以说贫困地区生态综合补偿转移支付是实现脱贫攻坚的重要支撑。

脱贫攻坚阶段，我国扶贫开发已进入啃硬骨头、攻坚拔寨的冲刺期。这些扶贫开发中难啃的硬骨头在国家发展中实际承担了"生态保障"、"资源储备"和"风景建设"重要角色。[1]脱贫攻坚的贫困地区多集中连片，是国家主体功能区建设规划中的限制开发区域，如藏西北羌塘高原荒漠生态功能区、桂黔滇等喀斯特石漠化防治区、黄土高原丘陵沟壑水土流失防治区、甘南黄河重要水源补给生态功能区等都是贫困人口集中的地区。这些区域的资源环境承载能力本身较弱，且其地理位置呈片、带状，承担着涵养水源、生物多样性的保护、沙漠化的防治和水土流失的防止等重要功能，他们的发展关系到全国或较大区域范围的生态安全。

由于独特的地质构造历史和地质地形条件，许多贫困地区往往拥有丰富的矿产资源、水能资源和生物资源，如欠发达的贵州乌蒙山区作为国家重点建设的能矿基地，资源富集。其中煤炭保有储量 436.5 亿吨，号称"西南煤海"，重稀土矿 144 万吨，居全国第二位，泥炭 146 亿吨，居全国第十位。[2]原中央苏区集中连片特困地区所含 41 县基本为山区

〔1〕　参见徐丽媛、郑克强：《生态补偿式扶贫的机理分析与长效机制研究》，载《求实》2012 年第 10 期。

〔2〕　参见张绪清：《欠发达资源富集区利益补偿与生态文明构建》，载《特区经济》2010年第 1 期。

县，[1]境内植物资源丰富，有数十种列为国家重点保护野生植物，如南方红豆杉、福建柏、长苞铁杉等。区域内也拥有非常丰富的动物资源，如华南虎、云豹、金钱豹、梅花鹿、金猫、猕猴、眼镜王蛇等。区域内多数县拥有金、钨、稀土、石灰石、白云石等珍贵的矿产资源。充足的自然资源是国家经济建设与社会发展的物质基础，没有自然资源，就没有经济与社会的可持续发展。因此，对于这些资源富集、能量储备足的区域，国家的发展政策趋向于保守和限制。比如，对矿产资源丰富的地区，依据《全国矿产资源规划（2008~2015年）》，明确实施矿产地储备机制，稀土、钨等矿产资源采取年度开采总量指标控制制度，依法限制或禁止在自然保护区、地质遗迹保护区（地质公园）、重要饮用水水源保护区等区域一定范围内开展矿产资源开发活动等。

《全国主体功能区规划》确立了国家级自然保护区、世界文化自然遗产、国家重点风景名胜区、国家森林公园、国家地质公园等千余个禁止开发区域。2017年《建立国家公园体制总体方案》要求将这些区域纳入全国生态保护红线区域管控范围，实行最严格的保护。这些禁止开发的政策对于"靠山吃山""靠水吃水"的农民传统生产和生活方式形成了挑战，使人陷入贫困或无法摆脱贫困的状态。2016年全国2 750个自然保护区中有919个位于国家标准的贫困县，许多保护区仍处于贫困与环境问题的夹击之中。[2]但恰是这些贫困地区为我们提供了绝佳的风景，如优美的森林风景、清洁的空气、清洁的水源、珍稀的动植物种栖息地以及独特稀有的自然现象等。如中央苏区集中连片特困地区县多有生态之城的

---

[1] 截至2011年9月1日，原中央党史研究室已确认全国共有41个中央苏区县：福建省达21个，江西省达13个，广东省7个。福建省21个县（市）：建宁、泰宁、宁化、清流、明溪、龙岩、长汀、连城、上杭、永定、武平、漳平、平和、将乐、沙县、邵武、诏安、武夷山、光泽、建瓯、建阳。江西省13个县（市）：瑞金、兴国、宁都、于都、石城、会昌、寻乌、信丰、安远、广昌、黎川、上犹、崇义。广东省7县（市）：兴宁、梅县、平远、大埔、饶平、南雄、龙川。

[2] 数据资料根据2016年全国自然保护区名单和832个贫困县名单统计而得，跨行政区的自然保护区涉及贫困县的都纳入其中。

美称。区域内风景秀美,森林覆盖率均在70%以上,江西省崇义森林覆盖率甚至高达85%,环境空气质量达到国家一级标准,是旅游观光的好去处。区域内生态旅游地点众多,如龙岩国家森林公园、上杭西普陀风景区、漳平天台山国家森林公园、武夷山国家级风景名胜区、建瓯归宗岩风景区等。武平是全国66个"生态旅游大县"之一,安远境内三百山有独特的原始森林景观,上犹县有多个,广昌是驰名中外的"中国通芯白莲之乡",饶平有被誉为世界地质遗产的"海龙"奇观等。这对于当今崇尚生态旅游的人们来说无疑是最大的财富。

为了维持上述生态功能,或者提高生态功能,这些贫困地区需要持续投入生态环保资金。然而,贫困地区财力有限与生态环保资金需求的矛盾较为突出。如2019年,井冈山市财政用于生态保护、水环境治理、森林质量提升的投入达2.02亿元,配套用于支持生态产业发展的资金达1.6亿元,但全市财政收入仅为6亿多元,剔除保基本运作、保民生支出等刚性支出外,生态环保资金非常有限,一些生态环境治理与保护项目被迫延期或取消。特别是在近年来财政收入增速放缓的情况下,还要落实好减税降费政策,生态环境保护支出面临巨大压力。

如上所述,生态脆弱和资源富集的贫困地区起到了生态保障、资源储备和风景建设的功能作用,为了国家整体良好的生态功能而让渡了自身的经济利益。然而诸如国家、其他地区等获益主体,在获得经济利益的同时却无偿享受着良好的生态环境,这种利益上的不平衡必然降低贫困地区生态保护的积极性。因此,应重视生态补偿转移支付资金的意义,通过贫困地区生态综合补偿转移支付支撑生态综合补偿,亦推动实现脱贫攻坚。

(二)生态综合补偿转移支付与脱贫攻坚关系的实效考察

1. 生态补偿转移支付扶贫的既有成效。

国家层面,我国林地、草原、湿地、荒漠化土地占国土面积70%以上，分布着全国 60% 的贫困人口，[1]国家非常注重生态扶贫工程的实施。其中生态补偿扶贫是生态扶贫的重要方式，通过做大生态效益补偿蛋糕、扩大全面保护天然林政策覆盖面、选聘生态护林员，开展生态补偿扶贫，促进贫困群众增收脱贫。我国原国家林业局林业重点工程社会经济效益监测项目组从 2003 年~2013 年共 10 年的监测表明，天保工程专项补助和相关生态工程投资成为林业职工收入的重要来源。退耕监测农户户均累计获退耕补助 2.04 万元，退耕补助平均占农户人均纯收入的 14.36%，退耕监测农户贫困发生率从退耕前 1998 年的 36.14% 下降到 2011 年的 6.56%。[2]据统计，2016 年~2019 年，中央财政累计安排补助地方财政专项扶贫资金 3 884 亿元，连续 4 年每年增加 200 亿元，年均增长 28.6%，相关转移支付和债务限额分配继续向深度贫困地区倾斜。截至 2019 年初，国家林业和草原局共安排贫困地区中央林业资金 1 085 亿元，累计选聘建档立卡贫困人口生态护林员 50 多万名，精准带动 180 万贫困人口增收和脱贫。[3]

地方层面，生态补偿转移支付资金与脱贫解困的实效联系主要表现在以下几方面：一是坚持产业发展与扶贫相结合的工作思路，采取贫困户以产业扶贫资金入股、股份分红的运作方式，发展特色种植业，与建档立卡贫困户建立利益联结机制，促进贫困户兴业脱贫，创业致富；二是将低质低效林改造、生态公益林补偿、天然林保护工程与精准扶贫深度融合，为建档立卡贫困户带来稳定持续收入；三是提供公益性岗位，聘用建档立卡贫困人员为生态护林员，帮助贫困人口脱贫；四是实施生态移民搬迁工程，帮助贫困山区群众脱贫。以江西省为例，林下经济是林农脱贫致富的助力产业，省级财政逐年递增林下经济补助资金，全省

---

〔1〕 参见国务院扶贫办政策法规司：《脱贫攻坚网络展之生态扶贫》，载 http://www.forest-ry.gov.cn/main/72/20200521/170559233892976.html，最后访问日期：2020 年 12 月 1 日。

〔2〕 参见林业重点工程社会经济效益监测项目组等：《我国林业重点工程社会经济效益监测十年回顾——成效、经验与展望》，载《林业经济》2014 年第 1 期。

〔3〕 参见董战峰：《践行"两山"理念 中国探索生态脱贫新路子》，载 http://f.china.com.cn/2020-03/31/content_ 75880619.htm，最后访问日期：2020 年 12 月 1 日。

参与林下经济的建档立卡贫困人口突破 35 万人；将贫困县作为流域生态补偿资金分配因素，逐步加大对连片特困地区的补偿力度。2017 年，25 个贫困县获得全流域生态补偿资金 11.55 亿元，占全省资金总规模（26.9 亿元）的 42.93%。2018 年，又将补偿资金总量提高到 28.9 亿元，这些资金都作为财力性补偿支持贫困县的生态建设和民生工程；[1]2019 年江西省全省生态护林员人数达到 21 500 名，中央财政累计安排生态护林员转移支付资金 5.3 亿元，按人均发放 1 万元工资收入计算，可辐射带动 21 500 个建档贫困户及近 7 万贫困人口实现基本脱贫。[2]

横向转移支付生态补偿如新安江流域、汀江–韩江流域、九洲江流域跨省水环境补偿，在生态环境绩效逐年上升之际，其经济发展影响也逐渐显现。以新安江流域生态补偿为例，政策实施后，2013 年农村居民人均纯收入为 2009 年的 1.82 倍，为 2013 年全国平均水平的 1.17 倍，已达到黄山市"十二五"规划目标的 77.14%。[3]不过补偿金适用范围有限，仅仅针对污染防治的工程治理补助，其他如产业结构调整、企业搬迁、退耕还林、污染防治日常管护、生态移民以及对生态保护者的直接补偿并不包含其中，要使脱贫效果明显，流域生态补偿资金规模需要扩大，补偿资金使用范围应有所拓展。

国内较多学者实证研究表明，退耕还林生态补偿对农户缓解贫困有正面影响。[4]因为退耕农户虽然直接从耕地中得到的收益少了，但是由于退耕还林的生态补偿政策，退耕农户获得了现金补助，同时退耕后农

〔1〕 参见胡学英：《欠发达地区生态扶贫实践研究———以江西为例》，载《湖北经济学院学报（人文社会科学版）》2020 年第 10 期。

〔2〕 参见《赣都大地交出生态扶贫高分答卷》，载 http://www.forestry.gov.cn/main/5562/20190926/153228875890367.html，最后访问日期：2020 年 12 月 1 日。

〔3〕 参见刘桂环等编著：《生态环境补偿：方法与实践》，中国环境出版社 2017 年版，第 216~219 页。

〔4〕 参见李卫忠等：《退耕还林对农户经济影响的分析——以陕西省吴起县为例》，载《中国农村经济》2007 年第 S1 期。参见洪睿等：《退耕还林（草）工程对农户生活的影响——以皇甫川流域为例》，载《林业经济》2008 年第 2 期。参见王立安等：《退耕还林工程对农户缓解贫困的影响分析——以甘肃南部武都区为例》，载《干旱区资源与环境》2013 年第 7 期。

户劳动力转移的收益也有了提高，总体经济状况有明显改善。吴乐、孔德帅、靳乐山的实证研究指出，生态补偿的直接现金补偿用来解决区域性的贫困问题可能更为有效，想要实现贫困瞄准作用有限，公益岗位型间接补偿项目对低收入农户家庭收入有较大影响[1]。张玉等指出应注重解决生态移民再生性贫困问题，巩固脱贫成果。

2. 生态综合补偿转移支付扶贫实践。

2019 年国家《生态综合补偿试点方案》要求以提高生态补偿资金使用整体效益为核心，创新生态补偿资金使用方式，"到 2022 年，生态综合补偿试点工作取得阶段性进展，资金使用效益有效提升，生态保护地区造血能力得到增强，生态保护者的主动参与度明显提升，与地方经济发展水平相适应的生态保护补偿机制基本建立"。

2020 年 2 月，根据相关省报送名单，国家发展改革委确定了 50 个生态综合补偿试点县名单。50 个试点县中 37 个县（市）曾为国家集中连片特殊困难县（市）或国家扶贫开发工作重点县，占生态综合补偿试点县的 74%（见表 2-1），可见，生态综合补偿的实践也非常关注贫困地区（或相对贫困地区），以期为贫困地区生态保护和经济社会发展积累经验，提供典型。

表 2-1 国家生态综合补偿试点县

省份	试点县	是否曾为集中连片特殊困难县（市）或国家扶贫开发工作重点县
安徽省	六安市金寨县	是
	池州市石台县	是
	安庆市岳西县	是
	黄山市歙县	否
	黄山市休宁县	否

---

[1] 参见吴乐等：《生态补偿对不同收入农户扶贫效果研究》，载《农业技术经济》2018 年第 5 期。

续表

省份	试点县	是否曾为集中连片特殊困难县（市）或国家扶贫开发工作重点县
福建省	三明市泰宁县	是
	南平市武夷山市	否
	宁德市寿宁县	是
	福州市永泰县	是
	漳州市华安县	否
江西省	赣州市石城县	是
	吉安市井冈山市	是
	抚州市资溪县	否
	宜春市铜鼓县	否
	上饶市婺源县	否
海南省	五指山市	是
	昌江县	否
	琼中县	是
	保亭县	是
	白沙县	是
四川省	阿坝州汶川县	否
	阿坝州若尔盖县	否
	阿坝川红原县	否
	甘孜州白玉县	否
	甘孜州色达县	是
贵州省	遵义市赤水市	是
	铜仁市江口县	是
	黔南州荔波县	是
	毕节市威宁县	是
	黔东南州雷山县	是

续表

省份	试点县	是否曾为集中连片特殊困难县（市）或国家扶贫开发工作重点县
云南省	迪庆州香格里拉市	是
	迪庆州维西县	是
	怒江州贡山县	是
	大理州剑川县	是
	丽江市玉龙县	是
西藏自治区	日喀则市定日县	是
	山南市隆子县	是
	昌都市类乌齐县	是
	那曲市嘉黎县	是
	阿里地区札达县	是
甘肃省	甘南州玛曲县	是
	甘南州迭部县	是
	甘南州卓尼县	是
	张掖市肃南县	否
	武威市天祝县	是
青海省	果洛州玛沁县	是
	玉树州玉树市	是
	黄南州泽库县	是
	海北州祁连县	是
	海西州天峻县	是

　　根据国家发改委的要求，这些试点县需要制定国家生态综合补偿试点实施方案，相关国家生态综合补偿试点实施方案表明，生态补偿转移支付资金都趋向于综合统筹使用。以江西省 5 个试点县为例[1]（见表 2-

――――――――――

　　[1]　作者曾有幸参与过江西省生态综合补偿试点县实施方案论证会，了解了江西省生态综合补偿试点县实施方案的主要内容。

2)，试点县多倾向实施综合性的生态补偿，整合和归并现有分散在生态建设各领域的转移支付资金，如国家重点生态功能区支付转移、重点流域水环境综合治理、林业生态保护恢复、森林资源培育、污水处理及管网工程建设、秸秆燃烧奖罚、农业资源及生态保护补助、农业生产和水利救灾、新农村建设、政府专项债务等多个中央、省、市与生态保护相关资金，资金使用与产业扶贫相联系，同时也计划为生态综合补偿提供专门的资金管理办法。

表2-2　江西省生态综合补偿试点县关于生态补偿转移支付资金使用主要方案

试点县	生态补偿转移支付主要综合方案	主要内容
资溪县	全面实施以财政奖补为主的综合生态补偿	按照山水林田湖草系统治理的要求，统筹整合不同类型、不同领域的生态保护补偿资金，大力实施综合性生态保护补偿。实施奖补结合的生态转移支付机制
铜鼓县	创新补偿资金综合使用模式	创新补偿资金综合使用模式确立"环境保护靠补偿，污染治理给补助，经济发展予扶持"的基本思路，加强生态补偿资金综合使用模式顶层设计，从单一生态补偿资金使用向综合性资金使用模式发展
石城县	1. 建立生态综合补偿资金投入机制 2. 规范生态综合补偿资金使用	进一步整合和归并现有分散在生态建设各领域的转移支付资金，包括国家重点生态功能区支付转移、重点流域水环境综合治理、林业生态保护恢复、森林资源培育、污水处理及管网工程建设、秸秆燃烧奖罚、农业资源及生态保护补助、农业生产和水利救灾、新农村建设、政府专项债务等多个中央、省、市与生态保护相关资金
婺源县	整合生态环境专项补偿资金。	整合生态环境专项补偿资金。按照性质不变、管理不变、各自实施的模式，整合环保、天然林资源保护、水利建设、水源地保护、湿地保护等专项资金统筹使用。根据生态环保领域省级与市县财政事权和支出责任划分，

试点县	生态补偿转移支付 主要综合方案	主要内容
		建立健全权责匹配、相互协调、步调一致的生态环保专项转移支付和基建投资资金统筹整合长效机制
井冈山市	全面实施以财政奖补为主的综合生态补偿	按照山水林田湖草系统治理的要求，统筹整合不同类型、不同领域的生态保护补偿资金，大力实施综合性生态保护补偿。实施奖补结合的生态转移支付机制

2017年2月，江西省井冈山市正式宣布在全国率先脱贫摘帽。2019年4月，江西石城县也脱贫退出。他们的脱贫摘帽与生态综合补偿密不可分，生态综合补偿财政举措奠定了脱贫摘帽的物质基础。如石城县制订《生态类资金整合管理使用办法》，积极整合使用相关部门的生态类项目和资金，实施生态保护、水环境治理、生态扶贫产业等项目108个；同时创新了四大模式，拓宽增收渠道，其中创新资源保护转化增收模式、积极探索"进城进园"易地搬迁安置增收致富模式、探索公益岗位增收模式等都是"造血型"生态补偿，促进百姓增收脱贫。[1]

三、乡村振兴背景下脱贫地区生态综合补偿转移支付的现实与困境

2020年11月，全国832个贫困县已全部实现脱贫摘帽，但相比较而言，这些地区经济社会发展水平依然落后，特别是那些具有森林草原区、生态脆弱区、深度贫困区"三区"高度耦合特性的地区，生态返贫问题仍然值得高度关注，需要长效持续的生态贫困治理机制。新时期，巩固拓展脱贫攻坚成果已经同乡村振兴有效衔接，鉴于生态补偿扶贫的重要

---

〔1〕 参见《江西省石城县努力构建生态综合补偿发展新格局》，载 https://www.ndrc.gov.cn/fggz/dqzx/stthdqzl/202105/t20210524_ 1280588.html，最后访问日期：2023年6月15日。

作用，完善生态补偿转移支付制度，推动生态综合补偿，对于实现乡村生态振兴和巩固脱贫攻坚成果具有重要作用。

（一）乡村振兴背景下脱贫地区生态综合补偿的重要意义

2017 年，党的十九大报告中明确提出了乡村振兴战略。实施乡村振兴是全面建设社会主义现代化国家的历史性任务，是建设美丽中国的关键举措。乡村振兴的实现路径主要包括重塑城乡关系，走城乡融合发展之路；巩固和完善农村基本经营制度，走共同富裕之路；深化农业供给侧结构性改革，走质量兴农之路；坚持人与自然和谐共生，走乡村绿色发展之路；传承发展提升农耕文明，走乡村文化兴盛之路；创新乡村治理体系，走乡村善治之路；打好精准脱贫攻坚战，走中国特色减贫之路。良好生态环境是农村最大优势和宝贵财富，生态振兴是乡村振兴的重要支撑。2020 年 12 月 16 日，中共中央、国务院《关于实现巩固拓展脱贫攻坚成果同乡村振兴有效衔接的意见》指出，巩固拓展脱贫攻坚成果、防止返贫是当前国家乡村振兴的重要工作。

实践来看，持续推进生态补偿扶贫，是巩固脱贫攻坚成果、有效推进乡村振兴的重要举措。2021 年《中华人民共和国乡村振兴促进法》第 34 条明确规定：“国家健全重要生态系统保护制度和生态保护补偿机制，实施重要生态系统保护和修复工程，加强乡村生态保护和环境治理，绿化美化乡村环境，建设美丽乡村。”可见，脱贫地区生态补偿推动乡村振兴的法律依据非常明确。当然，要持续推进乡村生态振兴，需要深化生态保护补偿制度。[1]

如何深化生态补偿制度，脱贫地区都要认识到“造血型”生态补偿的重要作用。强化公益岗位队伍建设、发展生态产业、实施退耕还林、陡坡地治理增加村民收入、实施“扶智”和“扶志”相结合的科技培训

---

〔1〕 参见冯丹萌、金书秦：《深化生态保护补偿制度 持续推进乡村生态振兴》，载 https://m.gmw.cn/baijia/2021-09/23/35184066.html，最后访问日期：2023 年 6 月 13 日。

以及易地扶贫搬迁等已经成为常态化的"造血型"生态补偿方式。在国家生态综合补偿政策指引下，有些脱贫地区已经探索了新的做法。试图在生态保护补偿资金规范化管理上破题，以生态指标考核为导向，以提高生态补偿资金使用效益为目标，由县财政部门牵头统筹整合不同层级、不同类型、不同领域的生态保护资金，建立综合性生态保护补偿滚动项目库，重点支持本地区的重要环保项目，增强生态保护地区"造血功能"。通过综合性生态保护补偿项目资金的示范、引导作用，将生态环境修复、乡村振兴及群众福祉提升紧密结合起来，推动改善当地生态环境质量，实现了生态效益和社会效益的最大化。

（二）脱贫地区生态综合补偿转移支付的基本情况和主要问题

如上所述，生态综合补偿是脱贫地区巩固脱贫攻坚成果、有效推进乡村振兴的持续坚持和主要趋势。生态综合补偿转移支付不仅是贫困地区脱贫攻坚的重要支撑，也是脱贫地区实现生态保护与经济社会发展"双赢"的重要支撑。

1. 脱贫地区生态综合补偿转移支付的基本情况。

脱贫地区生态综合补偿转移支付主要分为一般性转移支付和专项转移支付。一般性转移支付主要指中央政府对有财力缺口的地方政府给予的补助，由接受拨款的政府自主安排使用的转移支付，目的是逐步实现各地基本公共服务能力均等化。现阶段，中央财政安排的生态补偿一般性转移支付主要包括重点生态功能区转移支付、均衡性转移支付和资源枯竭城市转移支付。专项转移支付主要指上级政府为实现特定政策目标而补助给下级政府的专项支出，一般实行专款专用。目前，中央财政安排的生态补偿专项转移支付主要包括林业草原生态保护恢复资金、林业草原改革发展资金、农业资源及生态保护资金、农村环境整治资金等。

（1）重点生态功能区转移支付。

重点生态功能区转移支付包括中央对地方重点生态功能区转移支付和省对下重点生态功能区转移支付。目前，中央对地方重点生态功能区转移支付主要包括重点补助、禁止开发区补助、引导性补助以及考核评价奖惩资金。其中重点补助范围为重点生态县域，包括限制开发的国家重点生态功能区所属县以及新疆生产建设兵团相关团场；生态功能重要地区，包括未纳入限制开发区的京津冀有关县、海南省有关县、雄安新区和白洋淀周边县；长江经济带地区，包括长江经济带沿线11省；巩固拓展脱贫攻坚成果同乡村振兴衔接地区，包括国家乡村振兴重点帮扶县及原"三区三州"等深度贫困地区。[1] 2022年起将巩固拓展脱贫攻坚成果同乡村振兴衔接地区纳入转移支付范围，具体补助根据脱贫人口数、标准财政支出水平等因素测算，并结合脱贫人口占比、人均转移支付水平进行适当调节。实践中，各省一般将中央财政下达的重点生态功能区转移支付资金和省财政预算安排用于生态保护补偿的一般性转移支付资金进行统筹安排，并将生态保护红线保护成效以及中央环保督察结果作为奖惩的依据。

重点生态功能区转移支付具有长期性、补偿性和财力性的特征，2008年中央财政安排的重点生态功能区转移支付资金60.5亿元，2022年截至12月底，财政部已累计下达2022年重点生态功能区转移支付预算992.035 4亿元。[2] 重点生态功能区转移支付为一般性转移支付，用于提高重点生态县域等地区基本公共服务保障能力，在资金安排上体现奖惩激励与约束，引导地方政府加强生态环境保护。

（2）均衡性转移支付。

均衡性转移支付资金分配考虑影响财政收支的客观因素，结合各地实际情况，按照标准财政收入和标准财政支出差额及转移支付系数计算确定。其中，标准财政收入反映地方收入能力，根据工业增加值等因素及全国平均有效税率计算确定；标准财政支出旨在衡量地方支出需求，

---

〔1〕参见《中央对地方重点生态功能区转移支付办法》。

〔2〕参见《财政部关于下达2022年中央对地方第二批重点生态功能区转移支付预算的通知》，载 http://yss.mof.gov.cn/ybxzyzf/zdstgnqzyzf/202212/t20221227_ 3860442.htm，最后访问日期：2023年6月19日。

考虑人口规模、人口密度、海拔、温度、少数民族等成本差异计算确定。公式表示为：某地区均衡性转移支付＝（该地区标准财政支出－该地区标准财政收入）×该地区转移支付系数+增幅控制调整+省对下均等化努力程度奖励资金。

均衡性转移支付综合考虑地方财政困难程度依照《中央对地方均衡性转移支付办法》确定。各省可以根据本地实际情况，统筹安排，加大对财政困难县乡的支持力度，保障县级政府履行职能的基本财力需求。均衡性转移支付资金，重点用于基本公共服务领域，推进民生改善，促进社会和谐。

（3）资源枯竭城市转移支付。

根据《国务院关于促进资源型城市可持续发展的若干意见》（国发〔2007〕38 号），为增强资源枯竭城市基本公共服务保障能力，中央财政于 2007 年设立了针对资源枯竭城市的财力性转移支付，对纳入资源枯竭范围的城市进行补助，补助资金由地方政府统筹使用，主要用于解决本地因资源开发产生的社保欠账、环境保护修复、棚户区搬迁改造、塌陷区治理、矿业权退出和公共基础设施建设等历史遗留问题和化解民生政策欠账。

截至目前，中国于 2008 年、2009 年、2012 年分三批确定了 69 个资源枯竭型城市（县、区）。2012 年中央财政共下达资源枯竭城市转移支付资金 160 亿元，2022 年中央对地方资源枯竭城市转移支付 232.9 亿元，是地方生态补偿的重要资金来源。

（4）与生态环境保护相关的专项资金和转移支付。

为了促进地方政府加强生态保护与建设，中央财政先后下达过多项生态环境保护专项资金，主要包括退耕还林补助资金、天保工程资金、天保工程区国有中幼林抚育补贴资金、造林补贴资金、林业改革发展资金、林业生态保护恢复资金、林业草原生态保护恢复资金、林业草原改革发展资金、农业资源及生态保护资金、农村环境整治资金等。目前，尚在实施的主要有林业草原生态保护恢复资金、林业草原改革发展资金、农业资源及生态保护资金、农村环境整治资金这四项生态补偿专项资金。

2022年中央财政预算安排林业草原生态保护恢复资金46.794 5亿元，2022年中央财政预算安排林业改革发展资金121.589 7亿元，2022年农业资源及生态保护资金446.093 7亿元，2022年安排农村环境整治预算资金40亿元。

2. 脱贫地区生态综合补偿转移支付的不足。

2021年《关于继续支持脱贫县统筹整合使用财政涉农资金工作的通知》明确，脱贫县根据巩固拓展脱贫攻坚成果和乡村振兴的需要，可以按规定将整合资金用于农业生产、畜牧生产、水利发展、林业改革发展、农田建设、农村综合改革、林业草原生态保护恢复、农村环境整治、农村道路建设、农村危房改造、农业资源及生态保护、乡村旅游等农业生产发展和农村基础设施项目，在整合资金范围内打通，统筹安排使用。脱贫县要将支持产业发展摆在优先位置，发展壮大脱贫地区优势特色产业（含必要的产业配套基础设施），促进产业提质增效，带动脱贫人口就业增收。脱贫县要将整合资金优先用于产业项目。

根据《关于继续支持脱贫县统筹整合使用财政涉农资金工作的通知》，脱贫地区生态补偿专项资金可以实现一定程度上的整合，有利于生态综合补偿。脱贫地区生态综合补偿一般采用"项目"制，需要建设项目库，做好项目储备，科学设定绩效目标，严格项目论证入库，从项目库中选择整合资金支持的项目。但要全面长效地实施生态综合补偿，现行生态综合补偿转移支付制度还有不足，主要表现有：

第一，现有财政制度设计为脱贫地区生态综合补偿运行预留空间不足。长期以来，生态补偿专项转移支付资金"专款专用"原则、横向生态补偿和市场化生态补偿单一行政性"契约"原则，在本领域都得到固有坚持。不仅纵横向补偿资金、一般转移支付资金和专项转移支付资金难以整合，就是专项转移支付资金因其本质上属于有条件拨付，且涉及不同利益部门也难以整合。比如一些领域缺乏生态补偿资金，如我国生态补偿政策并未涉及冰川地区，要将资金用于这些地区，部门利益博弈将会比较突出。

另外，现行生态补偿转移支付较少根据生态价值的不同而区分补偿标准，一些重要生态功能区加大支持力度就难以实现，不能体现出不同地域的不同生态价值。现有生态综合补偿制度呈现的较好的结果与我们追求有效率的结果之间，相差还是较大的。

第二，生态补偿资金支出结构优化的激励机制不明确。生态综合补偿要求地方政府在生态补偿资金支出结构方面有一定的自由裁量权。不仅可以用于生态建设，也可用于生态经济发展方面。要实现生态改善和经济社会发展"双赢"，就应优化生态补偿资金支出结构。但这个标准是难以确定的，预算审查时难免出现形式化。对此，现有相关转移支付法中对生态环境保护和用于其他公共服务领域的资金分配比例和使用去向都没有规定。转移支付法缺乏关于综合使用目标的奖惩措施，脱贫地区会有自身利益考量，在保护生态环境和发展经济中倾斜向带来经济效益大的一方面。

第三，生态补偿资金持续供给与否缺乏合适的监督考核机制。在生态综合补偿运行监管评估过程中，上级政府和下级政府之间信息不对称，虽然双方都有各自的信息收集渠道，但总体上，下级政府对本地区生态环境状况、资金投入比例是否合适拥有更为全面的信息，上级政府无法全面客观地掌握下级政府在生态环境保护方面所做的努力以及生态综合补偿带来多大的生态效益。这样就难以决定下期生态补偿转移支付规模，问题的解决将依赖于设计合理的监督考核问责与正向激励双向并举机制。力争使"松绑"变成"效率"，而不是"松绑"变成"放羊"。

▶▶▶▶▶ ——————————— ▶▶▶▶▶

第三章

中国脱贫地区生态综合补偿转移
支付立法梳理与评析

我国脱贫地区生态综合补偿转移支付的长效机制应立足于其法制研究，一是基于生态综合补偿在贫困地区（脱贫地区）已经试行多年的现实基础；二是契合生态补偿法制化和促进脱贫攻坚与乡村振兴有效衔接的需求；三是运用法治思维进行生态补偿扶贫理性设计，为"相对贫困""生态返贫""欠发达地区"治理提炼经验。

一、中国脱贫地区生态补偿转移支付立法演进

中国脱贫地区生态补偿转移支付最初源于天然林保护工程、退耕还林、退耕还草等政策。从 1998 年国家实施天然林保护工程，国家就投入了巨额资金支持该工程，1998 年~1999 年，国家共安排投资 101.7 亿元，其中中央财政专项补助资金 37.2 亿元。[1]最初的生态补偿转移支付就具有扶贫的目的，当时林区就业岗位严重不足，贫困弱势群体较大，天保工程缓解了林区经济危机、资源危困局面，被誉为林区的"救命工程"。[2]至今为止，20 余项国家经济社会发展、扶贫、环境保护等政策规定了脱

---

〔1〕 参见《长江上游黄河上中游地区天然林资源保护工程实施方案》，载 http://www.docin.com/p-109137035.html，最后访问日期：2019 年 7 月 16 日。
〔2〕 参见《长江上游黄河上中游地区天然林资源保护工程实施方案》，载 http://www.docin.com/p-109137035.html，最后访问日期：2019 年 7 月 16 日。

贫地区生态补偿转移支付，[1]不仅是生态补偿领域关注扶贫问题，扶贫领域也关注生态补偿方式，甚至整体经济社会发展规划中也考虑到生态补偿扶贫的重要性。

（一）中央层面相关立法的产生与发展

中央层面，贫困地区生态补偿转移支付最早的立法是《天然林保护工程财政专项资金管理暂行办法》（1998 年），配合国家实施重点地区天然林资源保护工程出台，确认了贫困地区生态补偿资金中央和地方财政来源及使用情况。应该说，早期的生态补偿立法还未专门规定贫困地区生态补偿转移支付，贫困地区只是一般生态补偿转移支付的最广泛对象。因为我国《国家八七攻坚扶贫计划》共涉及的 592 个贫困县中，中西部地区占 52%，其中 80% 以上地处生态脆弱区。2005 年全国绝对贫困人口2 365 万，其中 95% 以上分布在生态环境极度脆弱的老少边穷地区。[2]因此，最初的贫困地区生态补偿转移支付更多呈现为一种现实状态。

---

〔1〕　主要包括《长江上游黄河上中游地区天然林资源保护工程实施方案》（2000 年）、《东北、内蒙古等重点国有林区天然林资源保护工程实施方案》（2000 年）、《国务院关于落实科学发展观加强环境保护的决定》（2005 年）、《国务院关于完善退耕还林政策的通知》（2007 年）、《全国生态脆弱区保护规划纲要》（2008 年）、《全国主体功能区规划》（2010 年）、《国务院关于加强环境保护重点工作的意见》（2011 年）、《中国农村扶贫开发纲要（2011-2020 年）》（2011 年）、《国家环境保护"十二五"规划》（2011 年）、《国务院关于支持赣南等原中央苏区振兴发展的若干意见》（2012 年）、《国务院关于大力实施促进中部地区崛起战略的若干意见》（2012 年）、《中共中央、国务院关于加快推进生态文明建设的意见》（2015 年）、《中共中央、国务院关于打赢脱贫攻坚战的决定》（2015 年）、《关于加大脱贫攻坚力度支持革命老区开发建设的指导意见》（2016 年）、《中共中央、国务院关于全面振兴东北地区等老工业基地的若干意见》（2016 年）、《关于支持贫困县开展统筹整合使用财政涉农资金试点的意见》（2016 年）、《关于健全生态保护补偿机制的意见》（2016 年）、《"十三五"生态环境保护规划》（2016 年）、《新一轮草原生态保护补助奖励政策实施指导意见（2016-2020 年）》（2016 年）、《中共中央、国务院关于实施乡村振兴战略的意见》（2018 年）、《中共中央、国务院关于全面加强生态环境保护坚决打好污染防治攻坚战的意见》（2018 年）、《中共中央、国务院关于打赢脱贫攻坚战三年行动的指导意见》（2018 年）、《国务院办公厅关于加强长江水生生物保护工作的意见》（2018 年）、《关于建立以国家公园为主体的自然保护地体系的指导意见》（2019 年）等。

〔2〕　参见《关于印发〈全国生态脆弱区保护规划纲要〉的通知》，载 http://www.gov.cn/gzdt/2008-10/09/content_ 1116192. htm，最后访问日期：2019 年 7 月 12 日。

党的十八大以来，脱贫攻坚战打响，贫困因素开始成为生态补偿转移支付立法的权重系数。《中央对地方重点生态功能区转移支付办法》明确规定对贫困地区生态补偿转移支付倾斜，要求转移支付资金"综合考虑生态指标、财力水平、贫困状况等情况对补助县市实施分档分类的补助机制，在补助力度上体现差异，支持生态环境保护和脱贫攻坚"。此后2017年、2018年、2019年修改的中央对地方重点生态功能区转移支付办法都以贫困情况作为重点补助考虑因素。2016年《中央对地方资源枯竭城市转移支付办法》（2017年、2019年、2022年修改）、2016年《林业改革发展资金管理办法》（2020年修改）、2018年《林业生态保护恢复资金管理办法》（2020年修改为《林业草原生态保护恢复资金管理办法》）等都对贫困地区生态补偿转移支付做出了特别规定。

贫困地区脱贫以后，脱贫地区依然是生态补偿转移支付倾斜对象。如《林业草原生态保护恢复资金管理办法》要求各省在分配林业草原生态保护恢复资金时，依照各地实际情况，向革命老区、民族地区、边疆地区和脱贫地区倾斜。林业草原生态保护恢复资金主要安排用于国家公园及其他自然保护地、国家重点野生动植物等保护、森林保护修复、生态护林员等方面的共同财政事权转移支付资金。其中生态护林员支出主要用于脱贫地区脱贫人口受聘开展森林、草原、湿地、沙化土地等资源管护人员的劳务报酬。

（二）地方层面相关立法的产生与发展

地方层面，一些省市早年也相继开展了对贫困地区的生态补偿转移支付立法工作。目前，我国北京、重庆、河北、山西、山东、江苏、浙江、安徽、江西、福建、河南、湖北、湖南、广东、广西、海南、甘肃等17省份出台了贫困地区（脱贫地区）生态补偿转移支付相关规范（见表3-1）。

1. 立法时间上，地方贫困地区生态补偿转移支付立法是近些年发展的产物。较早的见于2012年《广东省生态保护补偿办法》（现已失效），特别注重对欠发达地区的生态补偿转移支付。2016年国务院办公厅颁布

《关于健全生态保护补偿机制的意见》要求结合生态保护补偿推进精准脱贫，各地生态补偿相关立法开始普遍关注对贫困地区生态补偿转移支付，且更为明确地将生态补偿与扶贫相结合，如《无锡市生态补偿条例》（2019年）第6条规定，"市、县级市、区人民政府应当将生态补偿与精准脱贫相结合，向经济薄弱的重点生态区域倾斜生态补偿资金，优先保障有劳动能力的贫困人口就地从事生态保护工作"。

2. 立法形式上，贫困地区生态补偿转移支付立法主要有五种类型：一是地方综合性生态补偿立法，如《江苏省生态补偿转移支付暂行办法》（2013年）、《无锡市生态补偿条例》（2019年）、《苏州市生态补偿条例》（2014年）、《广东省生态保护补偿办法》（2012年制定、2014年修订）等；二是林业改革发展资金管理实施细则或林业保护方面专项资金管理办法，如北京、重庆、河北、浙江、安徽、江西、福建、湖北、广西和甘肃等省份有相关规定；三是地方国家重点或非国家重点生态功能区生态补偿暂行办法，主要有山东、安徽、湖南、广东、广西、海南等省，如《广东省生态保护区财政补偿转移支付办法》（2019年）、《安徽省重点生态功能区转移支付办法》（2016年制定、2017年、2018年相关立法都有相关规定）、《海南省非国家重点生态功能区转移支付市县生态转移支付办法》（2015年）；四是地方流域生态补偿综合性立法，如《江西省流域生态补偿办法》（2018年）、《福建省重点流域生态保护补偿办法》（2017年）；五是地方关于资源枯竭城市转移支付的具体管理办法，如《河南省资源枯竭城市转移支付管理办法》（2017年）、《湖南省资源枯竭城市转移支付办法》（2018年）。

五种立法主要传达两方面的信息：一是大多地方贫困地区生态补偿转移支付立法都是对中央立法的具体细化，如重点生态功能区、林业、资源枯竭城市生态补偿方面立法。当然也有个别地方立法进行了贫困倾斜比例的调整创新，如2017年《浙江省中央财政林业改革发展资金管理实施细则》第27条，林业改革发展资金分配因素就将财力状况权重从5%提高到了10%；二是地方相关立法形式、数量等与各省市贫困地区所处地理生态环境相关，如贫困地区多处于流域带，就通过流域生态补偿立法来实现对贫困地区倾斜，若贫困地区多处于生态功能区，则主要通过规范重点生态功能区生态补偿来照顾贫困地区。

另一视角中，地方关于贫困地区生态补偿转移支付立法主要包括两种，一是实施性立法，主要为执行中央层面生态补偿相关法规而进行的地方立法，如《安徽省重点生态功能区转移支付办法》（2016 年制定、2017 年、2018 年相关立法都有规定）、《河南省资源枯竭城市转移支付管理办法》（2017 年）等；二是先行性立法，主要生态补偿事权不明，也未纳入国家专属立法权，地方根据实际需要先行立法，如《无锡市生态补偿条例》（2019 年）、《广东省生态保护区财政补偿转移支付办法》（2019 年）、《江西省流域生态补偿办法》（2018 年）、《海南省非国家重点生态功能区转移支付市县生态转移支付办法》（2015 年）、《江苏省生态补偿转移支付暂行办法》（2013 年）等。

3. 立法内容上，各地立法规范不一，主要涵盖三方面。一是向贫困地区倾斜生态补偿资金逐渐成为生态补偿立法的基本原则，如 2018 年《江西省流域生态补偿办法》、2017 年《福建省重点流域生态保护补偿办法》等明确"责任共担，区别对待"原则，资金分配上照顾贫困地区；二是特别明确贫困地区的补偿权重。如《江西省流域生态补偿办法》（2018 年）规定，流域生态补偿资金二次分配中"《江西省农村扶贫开发纲要（2011-2020 年）》中明确的 25 个连片特困地区的补偿系数为 1.5，其他县（市、区）的补偿系数为 1"；三是贫困地区生态补偿转移支付资金的使用开始与生态扶贫、生态产业联系起来。如 2019 年《无锡市生态补偿条例》规定生态补偿资金应当"提高从事生态保护工作的贫困人口收入"，《江西省流域生态补偿办法》规定分配到各县（市、区）的流域生态补偿资金由各县（市、区）政府统筹安排，主要用于生态保护、生态扶贫和改善民生等。

贫困地区脱贫以后，生态补偿资金向脱贫地区倾斜的态势并没有改变，如安徽、河北、甘肃、广西、重庆等多个省份修改林业改革发展资金管理实施细则，都强调向脱贫地区倾斜。

表 3-1　贫困地区（脱贫地区）生态补偿转移支付相关地方规范

地区	政策法规名称	颁布机构	颁布/修改时间	相关内容
北京	北京市林业改革发展资金管理办法	北京市财政局、北京市园林绿化局	2018-12-26	第十二条　充分赋予区级统筹使用林业改革发展资金的自主权，除用于约束性任务资金不允许统筹外，各区可根据区域发展特点和工作实际，区分轻重缓急，对用于指导性任务资金可在林业改革发展资金专项内不同支出方向间进行统筹使用。
重庆	重庆市林业改革发展资金管理实施细则	市财政局、市林业局	2022-09-09	第六条　林业改革发展资金主要采取因素法进行分配……（二）政策倾斜，以贫困区县、革命老区县和民族地区区县为依据。［修改为第十一条林业改革发展资金采取因素法和项目法相结合的方式分配管理。按照中央要求实行项目法分配的，实行竞争性立项分配。采取因素法分配的，对于其中承担试点或改革任务的区县以及林长制督查考核奖励支出实行定额补助，其他支出主要从以下方面测算： ……（二）政策倾斜。结合工作任务和政策因素，适当向承担重大国家战略地区和党中央、国务院，市委、市政府关于林业改革发展重点工作任务区县，以及革命老区、民族地区、脱贫区县倾斜。］
	重庆市林业草原生态保护恢复资金管理实施细则	市财政局、市林业局	2022-09-09	第十六条　生态护林员补助资金重点巩固脱贫攻坚成效，主要用于聘用符合条件的生态护林员劳务报酬支出，资金按照区县申报的脱贫人口数量、资源面积、管理成效及政策等因素分配。

续表

地区	政策法规名称	颁布机构	颁布/修改时间	相关内容
河北	河北省林业改革发展资金使用管理和绩效管理实施细则	省财政厅、省林业和草原局	2017-12-5	第三十五条 林业改革发展资金……（四）区域状况，以不同地区财力状况、生态区位为依据，适当向革命老区、民族地区、生态区位重要地区、生态环境脆弱地区和贫困地区倾斜。
	河北省林业改革发展补助资金使用管理办法		（2022-06-28修改）	第十二条 补助资金结合工作任务和政策因素，适当向革命老区、民族地区、生态区位重要地区、生态环境脆弱地区和脱贫地区倾斜。
山西	山西省汾河流域生态修复与保护条例	省人民代表大会常务委员会	2017-1-11	第四十条 ……建立汾河源头、主要支流源头、岩溶泉域重点保护区、集中式饮用水源地生态补偿机制，补偿资金专项用于当地经济结构调整和社会事业发展。
山东	山东省重点生态功能区生态补偿暂行办法	省财政厅	2019-3-19	第六条 转移支付资金采取因素法分配，主要依据人口规模、生态保护区域面积、生态环保支出、财力缺口、财政困难程度等因素确定。 第七条 重点生态功能区转移支付奖惩资金根据财政部绩效考核结果确定。对考核评价结果优秀的地区给予奖励；对考核结果较差的地区，即生态环境质量变差、发生重大环境污染事件、主要污染物排放超标、执行产业准入负面清单制度不力和生态扶贫工作成效不佳的地区，根据实际情况对转移支付资金予以扣减……

续表

地区	政策法规名称	颁布机构	颁布/修改时间	相关内容
江苏	江苏省生态补偿转移支付暂行办法	省财政厅、原省环保厅	2013-12-26	四、资金分配办法 省级财政每年根据年度财力情况安排一定额度的生态补偿转移支付资金。生态补偿转移支付为一般性转移支付,分为补助和奖励两部分。 补助部分为生态补偿转移支付的主体部分。省财政厅根据各市、县(市)列入转移支付测算范围的生态红线区域的级别、类型、面积以及地区财政保障能力等因素,综合计算各地标准生态红线区域面积,并据此计算各地生态补偿转移支付补助资金。
	江苏省重点生态功能区转移支付办法	省财政厅	2022-11-21	第六条 重点生态功能区转移支付资金选取影响财政收支的客观因素测算。具体计算公式为: 某市县转移支付应补助额=生态空间保护补助+重点补助±考核评价奖惩资金 第七条 生态空间保护补助测算。根据省政府划定的各市县国家级生态保护红线区域(以下简称红线区域)面积、生态空间管控区域(以下简称管控区域)面积、财政综合保障能力分档情况等因素测算,支持建立健全生态产品价值实现机制,并向经济薄弱地区倾斜。
	无锡市生态补偿条例	无锡市人民代表大会常务委员会	2019-4-8	第六条 市、县级市、区人民政府应当将生态补偿与精准脱贫相结合,向经济薄弱的重点生态区域倾斜生态补偿资金,优先保障有劳动能力的贫困人口就地从事生态保护工作。

续表

地区	政策法规名称	颁布机构	颁布/修改时间	相关内容
				第十八条　生态补偿资金应当按照下列用途使用：（一）在生态补偿保护区域内开展生态保护、修复和环境基础设施建设；（二）扶持发展生态经济；（三）补偿集体经济组织成员等个人和提高从事生态保护工作的贫困人口收入。获得生态补偿的组织应当按照规定使用生态补偿资金，不得长期闲置。
	苏州市生态补偿条例	苏州市人民代表大会常务委员会	2014-5-28	第十条第三款　制定生态补偿标准应当根据生态价值、生态文明建设要求，统筹考虑地区国民生产总值、财政收入、物价指数、农村常住人口数量、农民人均纯收入和生态服务功能等因素。第十六条第一款　生态补偿资金应当用于维护生态环境、发展生态经济、补偿集体经济组织成员等。
浙江	浙江省中央财政林业改革发展资金管理实施细则	省财政厅、原省林业厅	2017-9-30	第二十七条　林业改革发展资金采取因素法分配。……（四）财力状况（权重10%），按省财政专项转移支付分类分档有关规定确定。
安徽	安徽省重点生态功能区转移支付办法	省财政厅	2016-10-18（2017年、2018年相关立法都有相关规定）	某县国家级重点生态功能区转移支付资金＝国家级重点生态功能区转移支付分配总额×综合评分比重×人均财力调整系数×脱贫攻坚补助系数其中……脱贫攻坚补助系数，对31个国家和省扶贫开发工作重点县中在国家级重点生态功能区转移支付范围内的，按2015年贫困

地区	政策法规名称	颁布机构	颁布/修改时间	相关内容
安徽				人口数,用功效系数法测算补助系数。
	安徽省财政厅、安徽省林业厅林业改革发展资金管理办法实施细则	省财政厅、原省林业厅	2017-4-26（最新修改2021-09-28）	第二十七条 林业改革发展资金采取因素法分配。……结合工作任务（权重50%）、资源状况（即二类调查数为准,权重25%）、绩效因素（权重15%）、政策因素（权重5%）、财力状况（权重5%）等分配,适当向贫困地区倾斜。（改为第十三条 林业改革发展资金分配结合工作任务和政策因素,适当向脱贫地区、革命老区倾斜。）
	安徽省林业草原生态保护恢复资金管理办法实施细则	省财政厅、原省林业厅	2018-8-31（最新修改2021-09-28）	第九条 全面停止天然林商业性采伐补助按照停伐产量、天然有林地面积等因素分配,并适当向贫困县倾斜,具体分项权重由省林业厅结合实际分年确定。（修改为第十七条 在分配林业草原生态保护恢复资金时,结合相关工作任务和实际,适当向脱贫地区、革命老区倾斜。）
江西	江西省流域生态补偿办法	省人民政府	2018-1-29	四、资金分配 在保持国家重点生态功能区各县转移支付资金分配基数不变的前提下,采用因素法结合补偿系数对流域生态补偿资金进行两次分配,选取水环境质量、森林生态质量、水资源管理因素,并引入"五河一湖"及东江源头保护区、主体功能区、贫困地区补偿系数,通过对比国家重点生态功能区转移支付结果,采取"就高不就低,模型统一,两次分配"的方式,

续表

地区	政策法规名称	颁布机构	颁布/修改时间	相关内容
				计算各县（市、区）生态补偿资金。 （二）综合补偿系数设定。 根据中央和省委、省政府批复确定的"五河一湖"及东江源头保护区划定范围、主体功能区区划及贫困县名单设定综合补偿系数。综合补偿系数（d）为"五河一湖"及东江源头保护区补偿系数（a）、主体功能区补偿系数（b）、贫困县补偿系数（c）的乘积。…… 3. 贫困县补偿系数（c）。《江西省农村扶贫开发纲要（2011—2020年）》中明确的 25 个连片特困地区的补偿系数为 1.5，其他县（市、区）的补偿系数为 1。 分配到各县（市、区）的流域生态补偿资金由各县（市、区）政府统筹安排，主要用于生态保护、水环境治理、森林质量提升、森林资源保护、水资源节约保护、生态扶贫和改善民生等。
	江西省省级林业资源保护专项资金管理暂行办法	省财政厅、省林业局	2016-6-21	第三条　专项资金原则上依据年度林业资源保护任务、森林资源状况、中央和省级补偿的生态公益林面积、项目实施绩效等因素安排，适当向贫困地区倾斜。对确需项目化管理安排的，实施项目库管理。
	江西省中央林业生态保护恢复资金管理实施细则	省财政厅、省林业局	2019-08-13	第六条第二款　各地在测算分配中央财政林业生态保护恢复资金过程中，向原中央苏区、国家级贫困县和省级贫困县及深度贫困村、贫困人口倾斜支持。

地区	政策法规名称	颁布机构	颁布/修改时间	相关内容
福建	福建省重点流域生态保护补偿办法	福建省人民政府	2017-8-12	（二）责任共担，区别对待。……在资金筹措和分配上向流域上游地区，向欠发达地区倾斜。 四、资金分配 （二）地区补偿系数设置 闽江流域上游三明市、南平市及所属市、县的补偿系数为1，其他市、县的补偿系数为0.8；九龙江流域上游龙岩市、漳州市及所属市、县补偿系数为2.5，其他市、县补偿系数为2；敖江流域上游市、县补偿系数为1.4，在此基础上对各流域省级扶贫开发工作重点县予以适当倾斜，补偿系数提高20%。
	福建省生态公益林条例	福建省人民代表大会常务委员会	2018-7-27	第三十一条 省人民政府应当根据生态公益林的等级、质量、生态效益和居民消费价格指数等因素合理确定森林生态效益补偿标准，并根据经济和社会发展状况制定短期调整计划，逐步提高。具体办法由省人民政府另行制定。
	福建省综合性生态保护补偿试行方案	福建省人民政府办公厅	2018-3-14	从2018年起，以县为单位开展综合性生态保护补偿，以生态指标考核为导向，统筹整合不同类型、不同领域的生态保护资金，探索建立综合性生态保护补偿办法，激发地方政府加强生态环境保护的积极性。通过综合性生态保护补偿等政策的实施，促进重点生态功能区、重点流域上游地区和欠发达地区生态环境质量持续改善和提升。

地区	政策法规名称	颁布机构	颁布/修改时间	相关内容
福建	福建省省级以上财政林业专项资金管理办法	福建省财政厅、原省林业厅	2017-8-22	第三十三条　林业专项资金采取因素法和项目法分配。……（三）财力状况，占权重5%，以各地财力状况为依据，适当向贫困地区倾斜。第三十六条　除森林生态效益补偿、天然林停伐管护、自然保护区林权所有者补偿补助明确补助标准外，其他补助资金在确保完成省里下达的约束性指标的前提下，可根据本地工作实际，结合本级资金安排情况，在资金使用范围内统筹使用资金
河南	河南省资源枯竭城市转移支付管理办法	省财政厅	2017-08-17	第十一条　资源枯竭城市应当将转移支付资金主要用于解决本地因资源开发产生的社保欠账、环境保护、公共基础设施建设和棚户区改造等历史遗留问题。享受转移支付补助的独立工矿区和采煤沉陷区所在县（市、区）应当将转移支付资金重点用于棚户区搬迁改造、塌陷区治理、化解民生政策欠账等方面。
湖北	湖北省中央财政林业改革发展资金管理实施细则	省财政厅、原省林业厅	2017-8-14	第五条　林业改革发展资金采取因素法分配资金。森林资源管护和国有林场改革两个支出方向按照各地工作任务、中央补助标准等因素确定补助规模，其余支出方向统一按照以下因素及权重分配：（一）工作任务（权重50%），（二）资源状况（权重25%），（三）绩效因素（权重15%），（四）政策因素，……（五）财力状况（权重5%），以不同地区财力状况为依据，适当向山区、革命老区、贫困地区倾斜。

续表

地区	政策法规名称	颁布机构	颁布/修改时间	相关内容
湖南	湖南省国家重点生态功能区转移支付办法	省财政厅	2018-12-26	三、分配办法 …… 1、某地资源枯竭城市转移支付额=因素法分配部分+奖励部分 因素法分配部分综合考虑各地非农人口数、财政部困难系数等因素。
	湖南省国家重点生态功能区转移支付办法	省财政厅	2018-12-26	二、分配范围 转移支付……对财政部明确为重点补助名单的55个县市给予重点补助；对环保部《全国生态功能区划》中明确的我省14个生态功能区县市，给予引导性补助；对禁止开发区域的生态保护和维护运行给予适当补助；对长江经济带和环洞庭湖相关县市，给予适当补助；对选聘建档立卡贫困人员为生态护林员的地区安排生态护林员补助。
广东	广东省生态保护区财政补偿转移支付办法	省财政厅	2019-6-5	第三条第二款 生态保护补偿范围根据中央和省有关规划，以及财力状况、绩效考核情况等进行动态调整。
	广东省生态保护补偿办法	广东省人民政府办公厅	2012-4-25	省财政从2012年起每年安排生态保护补偿转移支付资金，对生态地区给予补偿和激励。补偿资金按县（市）测算，列入补偿范围的县（市）须同时满足以下3项条件：一是我省主体功能区规划中的生态发展区域；二是属于国家级和省级重点生态功能区（以下简称生态区）；三是位于我省经济欠发达地区的建制县（市）。 （二）使用范围。生态保护补偿资

地区	政策法规名称	颁布机构	颁布/修改时间	相关内容
广西				金主要用于生态环境保护和修复、保障和改善民生、维持基层政权运转和社会稳定等方面。省财政厅将定期对生态保护补偿资金的管理使用情况进行监督检查。
	广西壮族自治区重点生态功能区转移支付办法（2018）	广西壮族自治区财政厅	2018-08-02	四、分配方法 对纳入转移支付范围的市县，按照重点补助区域、引导类区域、禁止开发区域进行分类测算。具体计算公式： 某市县重点生态功能区转移支付应补助额=重点补助+引导性补助+禁止开发补助+生态扶贫补助±生态监管绩效奖惩资金（三）生态扶贫补助。 补助范围为重点生态功能区转移支付补助县以及滇桂黔石漠化片区县和国家扶贫开发工作重点县中选聘建档立卡贫困人口为生态公益岗位的地区。根据自治区林业部门核定的各市县当年选聘建档立卡贫困人口为生态护林员人数计划，以及国家林业和草原局、财政部、国家扶贫办明确的每个生态护林员劳务补助测算标准确定补助额。
	广西壮族自治区漓江流域生态环境保护条例	广西壮族自治区人民代表大会常务委员会	2011-11-24	第八条　……对生活确有困难的，应当帮助解决就业或者提供基本的生活保障。

续表

地区	政策法规名称	颁布机构	颁布/修改时间	相关内容
	广西壮族自治区农林业资源及生态保护专项资金管理暂行办法	广西壮族自治区财政厅、农业厅、林业厅、水产畜牧兽医局	2016-12-12	第五条 专项资金中自然保护区（湿地）与动植物保护类专项资金，根据林业自然保护区和湿地的重要性、建设内容、任务量、地方财力状况、保护绩效等因素分配。第六条 专项资金中种子等农业植物种质资源保护和农业资源及耕地质量提升以及农业生态保护专项资金，根据种子等农业植物种质资源保护及耕地质量提升等的重要性、建设内容、任务量、地方财力状况、保护绩效等因素分配。
	广西壮族自治区林业草原生态保护恢复资金管理实施办法	广西壮族自治区林业局、广西壮族自治区财政厅	2021-11-22	第十六条 生态护林员补助存量资金重点巩固前期脱贫攻坚成效。增量资金按照各项目县上报拟新增需求人数、新增管护资源面积、近年来生态护林员选聘管理工作情况等因素进行分配。各级林业主管部门严格落实生态护林员公告公示制度，对生态护林员补助资金分配结果、补助标准予以公告。第十七条 林业草原生态保护恢复资金分配过程中，结合各市县工作任务和实际，向革命老区、民族地区、边疆地区、脱贫地区倾斜。
海南	海南省非国家重点生态功能区转移支付市县生态转移支付办法	海南省人民政府办公厅	2015-7-13	二、补偿范围．我省尚未被纳入中央国家重点生态功能区转移支付的市县，即海口市、文昌市、琼海市、澄迈县、临高县、屯昌县、定安县。若上述市县今后被国家纳入转移支付保障范围，则在次年度起不再享受本转移支付。

续表

地区	政策法规名称	颁布机构	颁布/修改时间	相关内容
	海南省重点生态功能区转移支付管理办法	海南省财政厅	2018-12-28	第六条 各市县（不含三沙市）转移支付补助额按下列公式计算：某市县转移支付补助额＝重点补助＋护林员补助＋基础性补助＋激励性补助 （一）中部4市县某市县重点补助＝该市县上年重点补助额＋（当年新增重点补助总额的60%×该市县重点补助系数1＋当年新增重点补助总额的40%×该市县重点补助系数2）。 其中：重点补助系数1根据中部4市县的深度贫困系数、标准财政收支缺口、生态保护红线区核定面积、总人口等因素核定，权重分别占20%、30%、40%、10%。重点补助系数2根据中部4市县生态保护综合考核得分（计算方法见附件）占比情况核定。 （二）护林员补助根据省扶贫办和省林业局等主管部门提供的选聘建档立卡人员为生态护林员有关情况进行分配。 （三）某市县基础性补助＝该市县上年补助额的90%＋当年新增转移支付总额的60%×该市县基础性补助系数。 其中：1.市县上年补助额计算时剔除本条（一）、（二）资金，当年新增转移支付总额计算时剔除本条（一）、（二）新增资金和新增三沙资金。 2.基础性补助系数按照市县深度贫困系数、标准财政收支缺口、生态保护红线区核定面积、总人口等因素核定，权重分别为

续表

地区	政策法规名称	颁布机构	颁布/修改时间	相关内容
				20%、30%、40%、10%；市县深度贫困系数按市县深度贫困人口、深度贫困村情况综合确定。 （四）某市县激励性补助＝剩余资金额×该市县激励性补助系数。 其中：激励性补助系数按照生态保护综合考核得分占比情况核定。
甘肃	甘肃省中央财政林业改革发展资金管理办法实施细则	省财政厅、原省林业厅	2017-8-28（最近修改2022-02-18）	第三十条　林业改革发展资金采取因素法结合项目法分配。…… （五）财力状况（权重5%），以不同地区财力状况为依据，适当向向革命老区、民族地区和贫困地区倾斜。（修改为第三十三条林业改革发展资金结合工作任务和政策因素，适当向承担省委、省政府林业改革发展重点工作任务地区，以及革命老区、民族地区和脱贫地区倾斜。）

说明：因为时间、政策变动、上位法修改等原因，表格中有些法规失去效力，在此仅作研究之用，表明地方相关立法的发展历程。

二、脱贫地区生态补偿转移支付立法的特点及问题分析

近10年来，中央和地方层面关于生态补偿扶贫的立法数量上呈现上升的趋势，立法范围逐渐扩大，包括一般性生态补偿转移支付和专项生态补偿转移支付方面。不仅如此，相关立法内容亦向纵深层次发展，特点较为明显。

（一）脱贫地区生态补偿转移支付立法的特点

第一，相关立法建立在公平正义理念和精准扶贫理论基础之上。法

律以追求公平为首要价值目标，生态补偿法律制度的建立是"环境公平"理念的具体化〔1〕。对贫困地区（脱贫地区）倾斜生态补偿主要是为保障贫困地区（脱贫地区）公平的发展权，是对贫困地区（脱贫地区）长期作为"生态保障"、"资源储备"和"风景建设"角色负担的认可。〔2〕转移支付这项政策工具又以公平正义为内在价值追求。现实中通过转移支付方式实施的政府生态补偿是贫困地区（脱贫地区）生态补偿的主要形式。生态补偿有政府和市场两种手段，但对于贫困地区（脱贫地区）而言，落后的经济环境限制了市场生态补偿的蓬勃发展，学者津津乐道的浙江"异地开发"这一益贫的市场化补偿，也少不了上级政府的政治关怀因素。

同时，党的十八届五中全会提出了精准扶贫、精准脱贫的思想，要求因地制宜施策，扶贫脱贫对象精准到贫困家庭和贫困人口。我国国家重点生态功能区基本覆盖了14个集中连片特困地区，国家禁止开发区域中有43%的区域位于国家扶贫开发工作重点县。〔3〕生态贫困成为这些地区贫困维度之一。生态贫困易衍生出其他贫困，如收入贫困、信息贫困等，多维度贫困使其自我发展能力更弱。这些地区如何精准脱贫，生态补偿脱贫是其必然的趋势和选择。〔4〕通过更多资金倾斜弥补自我发展能力弱的缺陷，从而使其在一定程度上缓解贫困。因此，国家重点生态功能区生态补偿、中央对地方资源枯竭城市生态补偿以及森林生态补偿等方面立法开始注重对贫困地区倾斜生态补偿资金转移支付，同时精准到贫困人口，对选聘建档立卡贫困人员为生态护林员的地区也实行资金倾斜。

第二，法规的主要内容是引导贫困地区走"绿色发展""绿色减贫"

---

〔1〕　参见史玉成：《生态补偿的理论蕴涵与制度安排》，载《法学家》2008年第4期。

〔2〕　参见徐丽媛、郑克强：《生态补偿式扶贫的机理分析与长效机制研究》，载《求实》2012年第10期。

〔3〕　参见杨庭硕：《生态扶贫导论》，湖南人民出版社2017年版，第1~2页。

〔4〕　习近平总书记强调实施"五个一批"工程，其中就包括生态补偿脱贫一批。五项脱贫手段包括：一是发展生产脱贫一批；二是易地搬迁脱贫一批；三是生态补偿脱贫一批；四是发展教育脱贫一批；五是社会保障兜底一批。

道路。"绿色发展"是国家"十三五"规划确立"五大发展"理念中极为重要的一环。"绿色发展"承认"绿水青山就是金山银山",要求坚守发展的环境底线,走可持续发展之路,生产方式、生活方式绿色低碳。不管是一般性转移支付还是专项转移支付,国家生态补偿转移支付立法都明确补偿资金向贫困地区(脱贫地区)倾斜,而且严格资金落实制度。通过生态补偿,一方面承认贫困地区(脱贫地区)在生态环境保护方面所做的努力或牺牲;另一方面通过资金激励让贫困地区认识到绿水青山的重要价值,避免为了完成脱贫任务而牺牲生态环境。实践表明,生态补偿资金助推贫困地区绿色发展有明显成效,制定绿色发展规划已经成为很多贫困地区政府的常态,多个省份规定有"十三五"时期生态补偿脱贫实施方案,实践绿色减贫之路。

第三,立法开始体现资金综合统筹使用思想。如《林业改革发展资金管理办法》统筹规定了中央财政预算安排的用于森林资源管护、森林资源培育、生态保护体系建设、国有林场改革、林业产业发展等支出方向的专项资金。《林业草原生态保护恢复资金管理办法》《中央财政农业资源及生态保护补助资金管理办法》等也对相关专项转移支付进行了整合。从2011年的《国家重点生态功能区转移支付办法》开始允许生态补偿资金可以综合用于环境保护和治理、基本公共服务等。这种政策组合符合生态规律,通常情况下,一个生态系统具有多种服务功能的特征,单一政策方案可能是有效的,但采取生态补偿与农业、林业、渔业等行业政策结合的综合举措,可能有事半功倍的效果,有利于扶持切合实际的重点发展项目,精确瞄准贫困村和贫困户,改善贫困村和贫困户生产生活条件,增强其自我发展能力。

(二)脱贫地区生态综合补偿转移支付立法缺陷与不足

脱贫地区生态补偿向生态综合补偿的转变,需要适宜的转移支付立法支持。但现有生态补偿转移支付立法在促进脱贫地区生态综合补偿方面尚有不足,如脱贫地区利益未充分表达、脱贫地区覆盖面不全,忽视脱贫地区的自主性，整体性监督考核机制不健全等，具体表现：

1. 脱贫地区生态补偿转移支付法内容的科学性和合理性不足，限制了脱贫地区利益的充分表达。

脱贫地区生态补偿转移支付法内容的科学性和合理性与脱贫地区利益的充分表达两者关系密切。利益制约、影响着法律，而法律一旦形成对利益将具有能动的反作用，可能促进利益的实现，也可能阻碍利益的实现，取决于法律自身的科学性和合理性。[1]然而现阶段，脱贫地区生态补偿转移支付法律地位不明，权利、义务不清；脱贫地区生态产品的价值没有清晰界定，以致现行立法对脱贫地区倾斜生态补偿标准模糊，补贴数额不确定不能充分补偿。此外，生态移民也被排除在了贫困地区生态补偿转移支付法律框架之外。"十三五"期间，中国贫困人口中还有近20%需通过易地搬迁来实现脱贫，[2]其中生态移民之后似乎有更好的资源可以利用，但实际上许多移民村移民可利用的农业资源并没有因搬迁而增加，甚至可能减少，这些移民又因此陷入了贫困。[3]由此可见，生态补偿领域并不是所有（贫困地区）脱贫地区的利益都能得以表达，生态移民为生态保护做出了重大贡献，理应纳入生态补偿转移支付框架内。

2. 现行立法忽视了脱贫地区生态补偿转移支付接受主体的自主权，影响脱贫地区绿色发展、绿色减贫的效率。

脱贫地区生态补偿转移支付主要涉及支付主体和接受主体两方面，支付主体是生态受益者（包括中央政府、省级政府和横向生态补偿地方政府），接受主体是生态建设牺牲者（即脱贫地区）。脱贫地区生态补偿转移支付中，无论是支付主体还是接受主体，都具有重要的地位和作用。

---

[1] 参见张文显主编：《法理学》，法律出版社1997年版，第270页。

[2] "十三五"期间，中国还有5600多万贫困人口脱贫的任务，其中有近1000万的贫困人口需要通过易地搬迁来实现脱贫。参见王晓毅等：《生态移民与精准扶贫——宁夏的实践与经验》，社会科学文献出版社2017年版，第1~3页。

[3] 参见王晓毅等：《生态移民与精准扶贫——宁夏的实践与经验》，社会科学文献出版社2017年版，第5页。

然而，现行脱贫地区生态补偿转移支付立法更多停留在了资金的供给层面，实现了支付主体的意愿表达，呈现的是"输血式"生态补偿。生态补偿转移支付领域的中央集权在很大程度上剥夺了脱贫地区参与自身生态扶贫发展的决策机会，影响脱贫地区绿色发展、绿色减贫的效率。

3. 脱贫地区生态综合补偿转移支付资金计算标准模糊，分散性的资金来源渠道以及功能性监督考核机制影响整体性效益。

现阶段，中央对脱贫地区倾斜生态补偿计算标准模糊，只笼统规定向脱贫地区或欠发达地区倾斜。资金主要来源于重点生态功能区和资源枯竭城市转移支付资金、林业草原改革发展资金、林业草原生态保护恢复资金、农业资源保护资金这五类，涉及财政、林草、农业、扶贫等多部门，资金来源分散，难以形成资金合力。资金来源分散对应着功能性的考核评价机制，各部门按照各自项目目标进行考核，相互之间没有形成有机衔接，不利于生态环境综合治理，影响区域性整体生态效益。

2016年国务院办公厅《关于支持贫困县开展统筹整合使用财政涉农资金试点的意见》开始了贫困县开展统筹整合使用财政涉农资金的试点，按规定将林业补助资金、农业资源及生态保护补助资金等生态补偿资金纳入统筹范围。2021年4月2日，财政部、国家发展改革委、国家民委、生态环境部 、住房城乡建设部、交通运输部、水利部、农业农村部、文化和旅游部 国家林草局、国家乡村振兴局11部委出台《关于继续支持脱贫县统筹整合使用财政涉农资金工作的通知》，林业改革发展、林业草原生态保护恢复、农业资源及生态保护等生态补偿资金纳入整合资金范围，脱贫县可以统筹安排使用。不过，实践中可能难以避免形式统筹的问题。统筹资金下达时，可能没有指定项目，但资金绩效考核一般按照原申报项目进行考核、验收及评价，考核不过关则会影响下一年度资金的规模，因此，为保证后面资金下发数量，地方一般还是按原渠道使用生态补偿专项资金，整体性生态效益其实不容易实现。

三、脱贫地区生态综合补偿转移支付立法问题的原因分析

脱贫地区生态综合补偿转移支付不是单纯财政经济问题，而是涉及政治、经济和社会等多因素的综合系统。某一法制的建设成功与否，不仅取决于政治的力量，也与利益的清晰分辨、制度的传承以及时事变迁密切相关。因此，脱贫地区生态综合补偿转移支付立法不周全的原因可以从经济、社会等多个方面寻找。

1. 扶贫政治思维淡化了贫困地区生态综合补偿转移支付法律制度的属性。

脱贫解困的政治任务导向，是生态补偿转移支付资金向贫困地区倾斜的重要动因。20 世纪 80 年代，贫困与环境的关系问题开始进入公众视线。1987 年《我们共同的未来》就明确指出："贫穷是全球环境问题的主要原因和后果"[1]。哥斯达黎加 20 世纪 90 年代开始实施的森林生态效益补偿制度（PSA）表明生态补偿与扶贫效应具有高度的相关性。[2]国内，由于贫困地区特殊的地理环境，初期生态补偿与扶贫相伴而生，贫困农户对补偿标准往往缺乏话语权。党的十八大以来，脱贫攻坚战打响，贫困缓解考量开始渗透至社会生活的各个方面。生态补偿转移支付领域也开始加强脱贫解困的政治控制，习近平总书记明确强调"生态补偿脱贫一批"，补偿资金向贫困地区倾斜，显著改善了生态补偿与扶贫的关系。

贫困地区生态补偿转移支付中明确的政治任务导向，往往使人忽视了从生态补偿转移支付制度本身来探寻有利于贫困缓解的规则设计。长期以来，贫困地区生态补偿转移支付立法更多体现了一种政治权力的思

---

〔1〕 世界环境与发展委员会：《我们共同的未来》，王之佳等译，吉林人民出版社 1997 年版，第 4 页。

〔2〕 参见中国 21 世纪议程管理中心编著：《生态补偿的国际比较：模式与机制》，社会科学文献出版社 2012 版，第 129 页。

维，将缓解贫困和生态保护的政治目的通过法律这一特殊的形式予以确认与维护。贫困地区生态补偿转移支付法理受制于权力，思维就有边界。列宁曾指出："法律是一种政治措施"〔1〕。政治权力的运行有规范调整和个别调整，不像法律那样通过明确的权利义务规范来调整社会关系。由此，受政治思维制约的贫困地区生态补偿转移支付权力的行使范围往往不确定，运行状态也不规范。诸多研究表明，生态补偿财政绩效不显著，原因多在于缺乏激励机制的安排与制度创新。〔2〕因此，要实现有效的规范化的贫困地区生态补偿转移支付还需从生态补偿转移支付制度本身来进行法制构建。

2. 不同利益诉求造就了脱贫地区生态综合补偿转移支付制度约束。

脱贫地区生态综合补偿转移支付涉及多方利益主体，主要包括中央政府、中央部委、省级政府、脱贫地区政府。不同主体有不同的利益诉求。基于可持续发展和人与自然和谐的整体目标和长远目标考虑，中央政府对于脱贫地区的生态补偿转移支付兼具通过提升基本公共服务保障实现绿色减贫目的，但生态保护应该是主要的；受到生态文明建设考核和区域经济竞争的双重压力，省级政府在追求区域生态环境质量提升的同时，也追求衡平区域内各市县各产业经济高质量的发展；对于各政府部门而言，由于政绩等原因，有很强的激励扩大本部门的生态支出，但也有很强的激励附加下级政府获得生态补偿资金的配套条件或考核条件；脱贫县（市）政府追求生态环境质量进一步提升，也追求提高财政水平促进本地区经济增长缓解相对贫困。

生态补偿转移支付利益衡平的目标、各地区生态资源禀赋的差异，要求生态补偿转移支付结构上以一般转移支付为主、其他（专项或横向）

〔1〕《列宁全集》（第23卷），中共中央马克思 恩格斯 列宁 斯大林著作编译局编译，人民出版社1990年版，第40页。

〔2〕参见许正中等：《财政扶贫绩效与脱贫致富战略》，中国财政经济出版社2014版，第150~152页。参见张文彬、李国平：《国家重点生态功能区转移支付动态激励效应分析》，载《中国人口·资源与环境》2015年第10期。参见张跃胜：《国家重点生态功能区生态补偿监管研究》，载《中国经济问题》2015年第6期。

转移支付为辅，但央地利益目标的差异又迫使中央政府更多地采取专项转移支付。中央生态补偿转移支付过程中，地方政府（省级政府和脱贫县市政府）既是中央政策的执行者，又是地方利益的代言人，这一双重身份的消极后果是当其代表的两种利益发生冲突时，地方政府很难做出选择，可能会出现生态建设面子工程和政绩工程。就生态补偿专项转移支付实践来看，中央政府意识到了地方政府不同利益诉求的特性，通过专项转移支付的"特定目的"将地方政府限定在"责任主体"位置，减少利益冲突带来的不利后果。即使是作为一般性转移支付的重点生态功能区转移支付，考虑到省级政府和重点生态功能区所在县市不同利益诉求，中央也附加了诸多条件，防止省级政府出现明显的"挤出效应"。

3. 行政放权的非制度化影响脱贫地区生态补偿转移支付整体性效益。

对于地方政府而言，按照中央转移支付目标支出生态补偿财政资金既是一种责任，也是一种权力，如在支出项目选择和具体支出比例方面具有一定的自由裁量空间。但是这种权力下放是非制度化的，是政治博弈的结果。脱贫地区生态补偿的支付标准、地方政府生态补偿转移支付配套资金取消，受到各地方政府"哭穷"的直接影响；专项生态补偿资金的初步整合是中央政府对地方政府生态补偿自治能力的试探，统一缺乏规范化、体系化的制度安排。然而，正是由于地方政府在执行层面的自由裁量空间，自上而下环境政策的效果不彰，已成为学术界共识。[1]统筹整合自治尚无统一的标准，地方政府倾向基于自身发展利益实施生态补偿政策，如为迎合政治上生态补偿考评指标，资金投向生态建设立项阶段，忽视后期维护；或生态建设同时实现经济高质量发展，生态效益成为附属目标；地方政府（特别是脱贫地区）过度依赖于中央政府转移支付资金，思路依附于中央，难以有自下而上的改革创新，最终影响了脱贫地区生态补偿转移支付的整体性效益。

---

〔1〕 参见沈坤荣、金刚：《中国地方政府环境治理的政策效应——基于"河长制"演进的研究》，载《中国社会科学》2018 年第 5 期。

　　归根结底，脱贫地区生态综合补偿转移支付立法不完善的根源在于脱贫地区生态综合补偿转移支付的非制度化，要改变这一状况，核心路径是脱贫地区生态综合补偿的法治化，明晰转移支付的法律地位。应当极力打造这一"造血型"生态补偿制度，探寻有利于贫困缓解的法治理念，建设好主体理论制度，明确支付主体和接受主体的权利义务，重构有利于生态综合补偿的监督评价制度。

第四章

生态补偿转移支付扶贫立法的国际经验

国外通常将生态补偿（PES）定义为一种自愿交易，即当且仅当环境服务的提供商确保提供或有条件的供给情况下，买方才"购买"界定明确的环境服务。当今世界上有数百种的生态补偿方案，近十几年来，越来越多的国家将生态补偿环境目标与社会目标相结合，考虑到穷人多是生态服务的提供者，生态补偿日益与扶贫相结合。本书选取贫困与生态环境密切相关的一些典型国家，考察其有关生态补偿扶贫的立法，分析其经验与教训，以期对我国生态补偿扶贫立法有所裨益。

一、国外典型国家生态补偿扶贫立法

（一）美国

美国生态补偿扶贫伴随着贫困地区大开发。美国早期田纳西河流域、阿巴拉契亚区是典型的贫困地区，生物多样性丰富但环境破坏严重，这些地区的不断开发与管理过程也是生态补偿的过程。从生态补偿资金来源来看，其生态补偿模式是政府主导的补偿模式。主要措施：

1. 依法确定贫困地区生态补偿资金来源。美国生态补偿多以计划、项目形式开展，相关立法以单独法案呈现。依据《田纳西河流域管理局法案》，成立田纳西河流域管理局（简称 TVA），田纳西河流域管理局的启动资金源于总统的直接拨款，多项开发项目源于联邦政府的拨款；依据《阿巴拉契亚区域开发法》，由联邦政府和州政府共同形成开发领导机构"阿巴拉契亚地区委员会"，统一规划和协调整个地区经济和社会发展问题。委员会资金来源实行联邦政府和地方政府按一定比例分配，实际上联邦和州政府共同承担生态补偿扶贫的责任。

2. 补偿资金使用较灵活。对于拨款，联邦政府并未明确说明资金如何使用，被赠款的地区在资金的花费和落实方面具有较大的灵活性，这也造就了执行方式上的重大偏差。[1]田纳西河流域管理局对联邦政府拨款享有设计规划、资金分配方面实质性的决断权。考虑到地区资源的比较优势，注重综合开发利用自然资源，并培养地区的可持续发展能力。田纳西河流域管理局利用财政资金和发行债券等方式筹集资金对流域进行综合大开发，通过水库的修建、流域生态环境的改善促进旅游业的发展；提供资金和技术促进"优质社区"建设，实现这些地区长期可持续发展。[2]阿巴拉契亚地区委员会在初期基础设施建设效果有限的基础上，调整了开发资金的分配比例，将1/3用于教育和职业培训、卫生（健康服务）和环境治理等，注意培养地区自我持续发展能力。[3]学者认为，田纳西河流域管理局这种集中规划设计贫困地区的自然和社会系统的区域发展方式，体现了社会生态整体主义（socio-ecological holism）理念，[4]强调生态系统的整体利益和人类可持续发展利益保持一致性。

3. 资金使用注重对环境的保护。对于贫困地区，田纳西河流域管理局（TVA）肯定经济增长的重要性，但也越来越意识到经济社会的可持续性。对流域内进行生态保护和绿色生产的居民实行直接补偿，2008年

---

〔1〕 参见［美］布莱恩·E·亚当斯：《美国联邦制下的地方政府自治》，王娟娟、荣霞译，载《南京大学学报（哲学·人文科学·社会科学）》2012年第2期。

〔2〕 参见中国21世纪议程管理中心编著：《生态补偿的国际比较：模式与机制》，社会科学文献出版社2012年版，第229页。

〔3〕 参见黄贤全、彭前胜：《美国政府对阿巴拉契亚地区的两次开发》，载《西南师范大学学报（人文社会科学版）》2006年第5期。

〔4〕 Eric D. Carter, "Malaria control in the Tennessee Valley Authority: health, ecology, and metanarratives of development", *Journal of Historical Geography*, Vol. 43, 2014, pp. 111-127.

5 月，TVA 董事会批准出台了《TVA2008 环境政策》，前瞻性地规定了减缓气候变迁、改善空气质量、水资源的保护和水质改善、废物最小量化、土地资源可持续利用及自然资源的六个领域环保举措。[1]将流域内水电开发纯粹的技术工程转为社会工程，经济、技术制约转变为生态移民和生态保护制约。

（二）巴西

巴西拥有超过 400 万种动植物物种，是世界上生物多样性最富裕的国家之一。但是由于养牛、伐木和人工种植农业，巴西的生态环境（特别是森林资源）遭受很大破坏，为了保护其森林和广泛的自然资源，巴西引入了一系列生态补偿法律机制。如巴拉那州（parana）1991 年出台了《生态增值税法》，从 1992 年开始根据生态指标分配由州政府给予地方政府的 5% 的税收收入，其中一半资金（2.5%）分配给拥有流域保护区的城市，另一半资金分配给有"自然保护单元"的城市。[2]巴西其他地方规定了另一种保护某些地区的方法，它要求拥有 50 公顷以上农村土地的所有土地所有人将 20% 至 80% 的土地转换为法律储备。这一项目可以通过不使用自己的土地来进行，也可以通过在同一区域内从其他土地所有者那里购买可交易的证书来完成。[3]

国际劳工组织 2017 年研究报告《保护人类和环境：关于巴西、中国、哥斯达黎加、厄瓜多尔、墨西哥、南非和其他 56 个项目的经验》指出，巴西联邦现有的大多数计划或项目仅具有环境目标，而没有明确的

---

〔1〕 参见谭辉等：《美国田纳西河流域环境保护特点分析》，载《水利建设与管理》2016年第 7 期。

〔2〕 参见中国 21 世纪议程管理中心编著：《生态补偿的国际比较：模式与机制》，社会科学文献出版社 2012 年版，第 72 页。

〔3〕 参见巴西生态补偿扶贫主要参考国际劳工组织 2017 年研究报告《保护人类和环境：关于巴西、中国、哥斯达黎加、厄瓜多尔、墨西哥、南非和其他 56 个项目的经验》，Helmut Schwarzer, et al. , "Protecting people and the environment: Lessons learnt from Brazil's Bolsa Verde, China, Costa Rica, Ecuador, Mexico, South Africa and 56 other experiences"，https://www.ilo.org/global/topics/green-jobs/publications/WCMS_ 516936/lang--en/index.htm，最后访问日期：2021 年 1 月 18 日。

目标增加社会保护和减少贫困。但有一些计划或项目例外，典型的如巴西绿色补助计划，[1]旨在通过奖励他们在热带森林中的保护工作，为可持续生产提供培训和支持，加强他们的生活，以减少森林砍伐并改善居住。巴西极端贫困人口中约47%生活在农村地区，对护林构成了巨大压力。依据其法律规定，为了保护重要森林生态系统，同时改善极端贫困人口生计，凡居住在国家森林保护区并承诺履行保护义务的贫困家庭，每季度获得政府发放的300雷亚尔（约125美元，按当年汇率）生活补助，补助周期初定为2年，期满后，可签订新的生态保护合约。相对地，获补助者必须参加有关气候变化和可持续性发展的培训课程。家庭必须承诺对原始林区的森林砍伐减少至零，但允许可持续地使用次生林作为传统生产方式的一部分，还必须采取防火措施等。巴西亚马孙地区的3 500户家庭成为首批受益者，到2014年1月，受益贫困家庭总数为51 072户。2011年为该计划第一阶段，在9个州实施（占全国面积的61%）；2012年为第二阶段，扩大到全国，其中第一阶段实施的森林保护区范围为1 130万公顷。

为实施绿色补助计划，巴西联邦成立了一个由多部门组成的行政委员会，负责计划的规划、批准和优先领域确定等，下设地方办事处负责地方一级的计划实施。除了政府资助外，也广泛吸收社会捐赠资本，以保障具有保护自然资源和创收的双重目标的可持续性。绿色补助计划注重对接受补助者的培训。培训应该提供环境保护指导并鼓励学习，从而使参与的家庭产生富有成效的包容性，同时提供有关生产过程和市场营销的技术援助。绿色补助计划有严格的监控方式，成立了专门的监测机构，负责环境监测，并且必须生成季度和年度报告。监测包括对参与地

---

［1］ 参见巴西生态补偿扶贫主要参考国际劳工组织2017年研究报告《保护人类和环境：关于巴西、中国、哥斯达黎加、厄瓜多尔、墨西哥、南非和其他56个项目的经验》，Helmut Schwarzer, et al. , "Protecting people and the environment: Lessons learnt from Brazil's Bolsa Verde, China, Costa Rica, Ecuador, Mexico, South Africa and 56 other experiences", https://www.ilo.org/global/topics/green-jobs/publications/WCMS_ 516936/lang--en/index.htm, 最后访问日期：2021年1月18日。

区的植被进行季度和年度卫星跟踪。除卫星图像外，雷达热点还用于定期发出毁林警报。如果家庭不再处于极端贫困状态或不遵守合约中规定的环境保护活动，则可以将其排除在计划之外。但是，在将家庭排除在外之前，当地监测部门会查明造成森林砍伐的原因，并提供必要的协助以消除砍伐森林的因素。

（三）哥斯达黎加

哥斯达黎加的森林覆盖率发生了翻天覆地的变化，一直迅速下降，从 1950 年占全国 70% 的森林，到 1987 年森林数量下降到仅 20%。这是拉丁美洲最高的森林砍伐率之一。然而，最近该国森林覆盖率达到了约 52%，主要得益于 1996 年《森林法》修改确定的两项举措，一是将森林破坏行为的处罚由罚款改为监禁判刑；二是森林生态补偿（PSA）制度的确立。自该森林生态补偿计划启动以来，产生了积极影响，从 1997 年到 2012 年，它保护的森林超过 860 000 公顷，重新造林 60 000 公顷，并支持了近 30 000 公顷的可持续森林管理，促进了近 10 000 公顷的森林自然更新。[1]

根据哥斯达黎加《森林法》，国家林业基金（FONAFIFO）是负责管理森林生态补偿计划的主要中介机构。它与森林所有者签订法律协议，同意土地使用，并通过当地林业技术促进者监督其遵守情况。为了换取付款，土地所有者将生态系统服务的"权利"转让给 FONAFIFO，然后，FONAFIFO 将其中一些信用额出售给其买方。生态系统服务的资金来源比较广泛，主要包括：（1）政府资金，PSA 的主要资金来自政府，并由法律规定。主要来自水和化石燃料的专项税收，以及林业和自然保护信托基金的（较少）税收。（2）与私营和其他公司（如水力发电公司）的自愿交易。（3）国际银行的贷款等。

---

〔1〕　See Ina Porras, et al., *Learning from 20 years of Payments for Ecosystem Services in Costa Rica*, International Institute for Environmentand Development, 2013, p. 9.

　　哥斯达黎加 PES 资金主要用于五个方面：（1）森林保护（2）商业造林（3）农林业（4）可持续森林管理（5）退化地区的再造林。其中，从 1997 年来，森林保护占主导地位，占合同总数的 67%，在预算总额中的占 83%。哥斯达黎加的 PES 水平主要由面积决定，靠近水源的森林或使用本地树种的造林项目的区别很小。这种"捆绑式"补偿有利于国家统一管理，但不能反映生态系统服务的价值，现在也提出了改进建议，如采用反映森林质量的差异化付款，对在现有森林储备系统中代表性不足原始森林、对比其他类型的森林提供更高水平的碳储存生态系统服务等生态系统给予更高补偿，有区别的付款可以增加最贫困群体的利益。表 4-1 为 2012 年哥斯达黎加森林生态补偿水平。

表 4-1　2012 年哥斯达黎加森林生态补偿水平

活动	子类别	美元/公顷/合约	每公顷年付（美元）
森林保护（2 公顷~300 公顷）；合同 10 年，付款 10 年	一般森林保护	640 美元	64 美元
	在自然保护区空隙（In conservation gaps）	750 美元	75 美元
	在对水很重要的区域	800 美元	80 美元
植树造林（1 公顷~300 公顷）；合约 15 年，支付 5 年	植树造林	980 美元	196 美元
	本土物种和濒临灭绝的物种	1 470 美元	294 美元
再造林（2 公顷~300 公顷）；合同 10 年付款 10 年	在有林业潜力的退化地区	410 美元	41 美元
	在符合京都议定书（CDM 机制）碳减排要求的"附加性"地区	640 美元	64 美元
森林管理（2 公顷~300 公顷）；合同 10 年和付款 10 年		500 美元	50 美元

续表

活动	子类别	美元/公顷/合约	每公顷年付（美元）
农林业（350 棵~5 000 棵树）； 合同 5 年 付款 3 年	农林业服务	每棵树 1.3 美元	每棵树 0.43 美元
	本土物种和濒临灭绝的物种	每棵树 1.95 美元	每棵树 0.65 美元

数据来源：Ina Porras，et al.，*Learning from 20 years of Payments for Ecosystem Services in Costa Rica*，International Institute for Environmentand Development，2013，p. 16.

最初哥斯达黎加 PSA 计划并不具有专门的扶贫目的，但现实是提供生态系统服务的地区与贫困地区具有高度的空间相关性，为减少贫困提供了可能。2003 年以来，哥斯达黎加 PSA 计划具有扶贫专项目标，不再适用先到先得的方法，而是采用空间定位标准，根据评分系统对标准进行加权，以确定选举优先级。标准因项目的形式而异。这些标准包括环境标准，例如优先考虑生物走廊、森林种植用地使用率高的地区或土壤或水质退化和生物多样性丧失的高风险区。还有一些社会标准，例如，优先考虑社会发展指数（SDI）低于 40 的地区。自 2012 年以来，对面积不足 50 公顷的私有林业主给予了额外的加分，并设定妇女和土著人民参与的配额。如由于土著社区管理着大片土地，因此土著社区在方案中发挥着越来越重要的作用，尽管这些土地的额外收入很低，因为它们砍伐森林的风险很低。直接针对土著社区的参与还是大大增加了，从 1997 年预算拨款的 3% 增加到 2012 年的 26%。但是，就预算而言，小规模土地所有者的份额仍然保持在 7%，而拥有土地超过 100 公顷的农场仍然占有最大的份额，达到 65%。

PSA 项目影响贫困人群参与的重要原因是缺少授权。[1]哥斯达黎加 PSA 计划实施早期，授权非常重要，法律禁止将公共基金补偿给没有正式授权的土地所有者。尽管最小土地面积很小（1 公顷或 2 公顷），但没有土地或土地少于 1 公顷或 2 公顷的人会被自动排除。相对于富裕农户而言，贫困农户更有可能得不到授权，由于无地或极小规模的农民往往是最贫穷的，因此土地所有权或最小土地面积的要求可能会排斥许多穷人。FONAFIFO 正试图改变这些限制，促进较小土地所有者之间财产所有权的逐步正规化，也承认土著土地是合格的，参与 PSA 计划最大土地面积为 300 公顷，以排除非常大规模的农民。

在哥斯达黎加，复杂而昂贵的申请程序可能是导致最贫困人口被排斥的因素之一。尽管申请 PSA 所需的文件数量已经减少，但是对于必须提供的文件和理由，仍然存在各种要求，这些要求或难以完成或成本昂贵，例如，需要来自专业地形图师、官方地籍图以及由专业林业工程师制定的森林管理计划。申请产生的费用是固定的，这对于小规模土地所有者而言相对昂贵。此外，聘用中介人协助申请过程的费用为 12% 至 18%。为了最大程度地减少申请成本，许多合同过去通常作为集体合同处理，将通常是小型农户的集体汇集在一起，但弊端是一个参与者的违规行为将自动终止整个团队的合同。正是由于该问题，2002 年废除了单一集体合同。最近重新引入了团体申请，但为避免这些先前的问题，对于这些团体申请进行个体单独签署。

（四）墨西哥

墨西哥 2008 年修改了《森林可持续发展基本法》，[2]立法目的之一

---

〔1〕 参见中国 21 世纪议程管理中心编著：《生态补偿的国际比较：模式与机制》，社会科学文献出版社 2012 年版，第 130 页。

〔2〕 2003 年《森林可持续发展基本法》，2008 年 11 月 24 日修改。See "Ley General De Desarrollo Forestal Sustentable"，https://docs. mexico. justia. com/federales/ley_general_de_desarrollo_forestal_sustentable. pdf，最后访问日期：2021 年 2 月 1 日。

就是发展环境商品和服务，保护、维护和增加森林资源提供的生物多样性（第2条第3款）。法律规定国家可持续林业政策的指导原则之一是建立经济机制，以补偿、支持或刺激森林资源的所有者和持有者，以产生环境商品和服务，并将其视为公共商品，确保生物多样性和人类可持续性（第30条）；联邦职权之一就是提供基础保障，以促进环境商品和服务的市场，以及促进对森林生态系统提供的环境商品和服务的补偿（第11条）。该法规定国家林业委员会评估环境商品和服务的价值，并决定森林生态系统提供的环境商品和服务的补偿机制。《森林可持续发展基本法》第六章专门规定了森林环境服务，要求促进环境商品和服务市场的发展。第七章规定森林发展的经济手段，成立墨西哥森林基金会，为环境商品和服务提供补偿资金。

2003年墨西哥启动了森林生态补偿项目（Pago por Servicios Ambientales Hidrológicos，PSAH），PSAH由国家林业委员会（CONAFOR）管理，监控绩效和筹集资金。项目资金来源包括联邦用水费、立法机关、州和市政府每年批准的政府预算，自愿私人捐款以及一些赠款和贷款（如世界银行贷款）。大部分来自墨西哥政府（每年6 000万美元）和用水户（每年2 500万美元）。资金直接支付给土地所有者或社区代表（墨西哥森林70%以上具有公共产权）。资金如何在社区中使用或分配，政府不干预。社区可以根据自己的习俗、需求和做法使用资金。但是，自2011年以来，有关PSAH收入使用方式的计划需要得到社区议会的批准，并在提出申请后提出，以确保使用符合社区的意愿。[1]

墨西哥《森林可持续发展基本法》并未直接规定生态补偿扶贫内容。但项目运作的最初3年间，78%的补偿用于高边缘化或极高边缘化人口中

---

　　〔1〕　参见巴西生态补偿扶贫主要参考国际劳工组织2017年研究报告《保护人类和环境：关于巴西、中国、哥斯达黎加、厄瓜多尔、墨西哥、南非和其他56个项目的经验》，Helmut Schwarzer, et al.，"Protecting people and the environment: Lessons learnt from Brazil's Bolsa Verde, China, Costa Rica, Ecuador, Mexico, South Africa and 56 other experiences"，https://www.ilo.org/global/topics/green-jobs/publications/WCMS_ 516936/lang--en/index.htm，最后访问日期：2021年1月18日。

心的居民所有的森林。[1]2018 年墨西哥修改了《森林可持续发展基本法》，其中立法目的增加了一些关于弱势群体相关权利的规定，要求保障、遵守和促进获得有关林业事务的公共信息的权利；在森林政策中促进旨在确保妇女、土著居民、青年和残疾人的实质性机会均等的平权行动；在法律的范围内，按照适用的国家法规和有约束力的国际文书，尊重土著社区和相关社区在森林资源的使用和享受的权利（第 2 条第 X、XII、XIII 款）。[2]

为了选择森林生态补偿参与者，使用了对预定资格标准进行加权的积分系统。最初，这些标准仅涉及人们居住的地区和森林面积，侧重于环境方面。除此之外，参加者的选举是按照先到先得的原则进行的。2006 年引入了社会和行政目标标准，2008 年将"森林砍伐的风险"添加到了标准中。在 2006 年之前，有 9 个选择标准，其中 40% 是环境标准；到 2010 年，已有 26 条标准，其中 19% 涉及环境方面。如今的优先目标标准包括：（1）项目的区域和位置，如森林结构和毁林风险；（2）社会经济标准，如贫困程度、土著人口比例、妇女参与该项目以及集体组织的能力；（3）环境标准，如树木的覆盖率、生物多样性的数量、生物量的密度、灾害风险、水的可获得性和土地退化；（4）其他保护或发展工作，如是否存在社区监测网络和社区土地使用计划。[3]

为了掌握 PSAH 项目实施的效果，国家林业委员会 CONAFOR 每年通过 GIS 卫星图像进行监控，以检测森林覆盖率的变化。国家林业委员会

---

〔1〕 参见中国 21 世纪议程管理中心编著：《生态补偿的国际比较：模式与机制》，社会科学文献出版社 2012 年版，第 159 页。

〔2〕 See "Ley General De Desarrollo Forestal Sustentable", https://docs.mexico.justia.com/federales/ley_ general_ de_ desarrdlo_ forestal_ sustentable. pdf，最后访问日期：2021 年 2 月 1 日。

〔3〕 参见巴西生态补偿扶贫主要参考国际劳工组织 2017 年研究报告《保护人类和环境：关于巴西、中国、哥斯达黎加、厄瓜多尔、墨西哥、南非和其他 56 个项目的经验》，Helmut Schwarzer, et al., "Protecting people and the environment: Lessons learnt from Brazil's Bolsa Verde, China, Costa Rica, Ecuador, Mexico, South Africa and 56 other experiences", https://www.ilo.org/global/topics/green-jobs/publications/WCMS_ 516936/lang--en/index. htm，最后访问日期：2021 年 1 月 18 日。

CONAFOR 也派工作人员现场随机调查，进行监控，如果发现森林砍伐，将采取制裁措施，如减少、取消偿还付款。如果在没有土地所有者的过失的情况下森林覆盖率下降，如森林大火，则仅取消受损失地的补偿，而未受影响的地区仍然有资格获得付款补偿。

二、国外生态补偿转移支付扶贫立法的特点及启示

（一）国外生态补偿转移支付扶贫立法的特点

总体上，国外生态补偿转移支付类型主要包括一般性转移支付和专项转移支付。一般性转移支付补偿地区发展机会成本，地方政府享有一定的资金使用自主权。例如，葡萄牙 2007 年通过修改《地方财政法》，明确规定"市级财政制度应有助于促进经济发展、环境保护和社会福利"，据此将生态转移支付整合到中央到地方的转移支付中，用来弥补拥有自然保护区的地方政府因为发展受限而造成的损失。波兰也通过一般性转移支付对处于生态保护区并且失去发展机会的行政区提供一定的资金补偿。法国通过一般性转移支付对贫困地区进行倾斜补偿，如生态补偿转移支付根据土地地表面积的情况而采用不同的补偿标准。普通地区每公顷补偿 3.22 欧元，山区每公顷补偿 5.37 欧元。[1]

专项转移支付用于补偿地方政府在生态保护中的管理成本，目的在于实现专门生态保护。如美国《农业法案》、英国的《森林法令》等都表明生态补偿专项转移支付资金来源渠道。专项补助中也有考虑到贫困弱势群体的专门保护，如 2014 年农业法案新增了一项预付款制度，即可以给予那些老资格农户（主要包括社会弱势群体、首次参加该计划的有限资源的农民、印度部落和退伍军人等）不超过 50% 的预付款，以帮助这些

---

〔1〕 参见杨谨夫：《我国生态补偿的财政政策研究》，财政部财政科学研究所 2015 年博士学位论文。

农户采购环境保护计划中所需要的物资和服务等。[1]具体而言，国外生态补偿转移支付扶贫立法具有如下特点：

1. 土地产权制度独特，生态补偿扶贫关注微观主体利益。

大陆法系国家农地归私人所有，所以私人（农户）对土地等自然资源有充分的自主权，在英美法系，对土地有合法利益的人享有对土地的各种相应的产权。如英国的全部土地在法律上都归英王（或国家）所有，即英王是唯一绝对的土地所有人。但是这丝毫不影响使用者享有对土地产权的充分权利。通过法律技术，个人、企业和各种机关团体保有土地而拥有土地的使用权或占有权，国家所有权已经虚化，土地的使用权或占有成为实际的所有权。对土地的占有权、使用权、收益权归属于对土地有合法利益的人或团体。独特的土地产权制度造就了自然资源高度私有化的现象，使得国外生态补偿多采用项目制，专门针对贫困地区生态补偿较少，生态补偿扶贫立法更多体现针对贫困人口（或家庭）等微观主体利益的保护。哥斯达黎加和墨西哥的案例研究非常清楚地表明了这一点。如上所述，哥斯达黎加最初缺乏社会优先目标标准，导致大多数合同分配在社会发展指数（SDI）为40至70的地区。2003年对此做出了回应，将SDI为40之下的地区列为优先目标。然而，这种方法并没有证明是成功的，因为在这些地区主要是大规模农民从该计划中获利。这表明，如果该计划旨在针对社会特征，则应根据个人特征来确定参与者，或者应将地理目标与基于个人特征（如人的财产大小）的标准相结合。2012年哥斯达黎加承认这一点，将拥有面积小于50公顷的财产所有人进行优先考虑。[2]在墨西哥，大部分森林土地归穷人所有，因此，实施森

〔1〕 See "Environmental Quality Incentives Program", http://www.nrcs.usda.gov/resources/guides-and-instructions/egip-advance-payment-option.

〔2〕 参见巴西生态补偿扶贫主要参考国际劳工组织2017年研究报告《保护人类和环境：关于巴西、中国、哥斯达黎加、厄瓜多尔、墨西哥、南非和其他56个项目的经验》，Helmut Schwarzer, et al., "Protecting people and the environment: Lessons learnt from Brazil's Bolsa Verde, China, Costa Rica, Ecuador, Mexico, South Africa and 56 other experiences", https://www.ilo.org/global/topics/green-jobs/publications/WCMS_ 516936/lang--en/index.htm, 最后访问日期：2021年1月18日。

林生态补偿，会自动惠及贫困人口。然而存在的问题是，项目制生态补偿扶贫如何惠及真正的贫困人口，这需要精准识别贫困家庭、确定益贫的生态补偿标准和制定益贫的生态补偿程序等。

2. 生态补偿扶贫经历了财力支持到权利保障的发展过程。

早期，生态补偿扶贫以财力支持为核心，但这种支持是较为有限和被动的。拥有土地是参与政府生态补偿的条件，这就排除了没有土地的绝对贫困人口的参与；政府生态补偿中有限的项目持续时间可能影响生态补偿项目中的贫困人口积极参与。各国生态补偿扶贫立法的历史变迁表明，多数国家最终要求采取平权行动，并将保护利益明确地扩大到土著社区和相关贫困弱势人群。而且这种权利不是获取自然资源或维持生计的权利，是有效参与生态补偿的权利，以自由、事先知情的方式公平分配对环境服务和遗传资源的惠益。

此外，地方在补偿资金使用方面享有越来越充分的自主权。如墨西哥将生态补偿资金集中补偿给社区，社区对这部分补偿资金享有一定自主使用权利，根据自身需要分配资金。关注社区是墨西哥生态补偿计划的重要特征。对社区合同的强调迫使社区制定一项共同计划，需要集体决策和森林资源的集体管理。因此，在集体申请时，社区需要提交表明社区批准和承诺的联合协议，以及整个团队批准的有关如何使用资金的计划。在厄瓜多尔，社区也可以申请。社区必须记录制定生态补偿资金使用计划的过程并提交已达成的共同协议，生态补偿资金使用计划保持透明度，并确保每个人都告知并包括在收益中。

3. 生态补偿扶贫立法愈发明确化。

长期以来，生态补偿扶贫的效果都是生态补偿的附属品，扶贫效应与生态补偿具有高度的相关性。[1]从生态补偿相关立法发展来看，补偿的社会目标日益明确，补偿对象精确对准了生态风险较高地区的贫困户。

----

〔1〕　参见中国21世纪议程管理中心编著：《生态补偿的国际比较：模式与机制》，社会科学文献出版社2012年版，第129页。

如葡萄牙通过 2007 年的《地方财政法》改革引入了葡萄牙生态财政转移（EFT）。该法律为从中央政府资金到地方的收入分配和财政转移建立了新规则，并于 2013 年进行了重新修改。在 2007 年至 2014 年期间，转移支付平均约占市政总收入的 44%，而其余的则来自市政征收的有关财产、收入和商业的税收。共有三项主要的国家基金用于地方转移支付。金融平衡基金是总集合，其价值为所得税、公司税和增值税收入的平均值的 19.5%（2007 年为 25.3%），金融平衡基金分为两个子基金，普通市政基金和用于财政失衡的市政凝聚力基金。此外，还有市社会基金，用于教育、保健和福利等社会公共职能的支出。此外，所得税的 5% 也直接流向市政当局，除了这些国家资金之外，还有从欧盟转移到市政当局的款项，关于生态财政转移，除其他标准外，普通市政基金（GMF）的 5% 按保护区域的比例分配（Natura 2000 和其他保护区），如果超过 70% 的市政区域受到保护，则生态成分部分将变为 10%，这使 EFT 达到了金融平衡基金的 2.5%~5%，葡萄牙生态财政转移是一般性转移支付资金，市政当局可以将各自的收入用于他们认为必要的任何公共职能。[1]

4. 生态补偿扶贫注重创造就业机会。

美国通过区域大开发，促进贫困人口可持续发展生计；巴西通过培训为贫困人口可持续生产提供支持，在计划培训的具体内容时，重要的是要确定需要哪种长期退出策略，培训中包括有关微型创业的信息；哥斯达黎加增加了农林业生态补偿项目，旨在为土地所有者或使用者经营林业提供防风、遮阴等生态服务提供补偿。对小型农业或农林业的可持续技术进行培训将使人们能够以可持续方式使用土地并支持农村自营职业等。

5. 生态补偿扶贫注重绩效考核。

国外生态补偿转移支付资金分配指标主要包括两大类：一是定性指

---

〔1〕 See Nils Droste, et al. , "Decentralization effects in ecological fiscal transfers: The case of Portugal", *UFZ Discussion Paper*, No. 3. , 2017, pp. 10-12.

标，如地方拥有的保护区质量（类型）、生态系统提供的服务等；二是定量指标，如自然保护区的面积、数量、自然保护区面积占国土面积的比例等。例如，葡萄牙生态财政转移，除其他标准外，普通市政基金（GMF）的 5% 按保护区域的比例分配（Natura 2000 和其他保护区），如果超过 70% 的市政区域受到保护，则生态成分部分将变为 10%。[1] 在2006 年政府间转移体系的改革中，法国对国家公园或海岸公园所在的城市实行了"生态分配"。但是，由于保护区定义的局限性以及在转移支付公式中分配给生态分配的价值较低，因此有资格获得这项资金的城市在2008 年只有 0.41% 左右。[2]

定性指标和定量指标一般结合使用，如巴西生态转移支付就既考虑保护区的面积又考虑保护区的类型（质量）。[3] 以巴拉那州为例，该州生态转移支付计划也逐步接纳质量指标，该指标对市政当局在建立和维护自然保护区的努力非常敏感。该指标不仅包括保护区的生物、物理和化学指标，也包括管理、基础设施和向当地社区提供基本需求等的社会和行政指标。[4] 考虑到在对这些资源的使用缺乏社会控制的情况下，这些资源被用来支付市政一级其他费用的可能性很高。因此，巴西的一些城

---

〔1〕 See Nils Droste, et al., "Decentralization effects in ecological fiscal transfers: The case of Portugal PDF Logo", *UFZ Discussion Paper*, No. 3., 2017, p. 11.

〔2〕 参见杨谨夫：《我国生态补偿的财政政策研究》，财政部财政科学研究所 2015 年博士论文。

〔3〕 巴西生态补偿财政转移支付资金计算公式如下：$EI_i = MCF_i/SCF$，EI_i 是地市政府的生态指标，MCF_i 是地市政府的保护因子，SCF_i 是州政府保护因子，$_i$ 是州境内所拥有的市级政府数量（$_i = 1, \cdots, z$）。$MCF_i = CU_i/M_i$，CU_i 是地市政府 $_i$ 行政区域内保护单位的总面积，M_i 为该市行政区域总面积。$CU_i = \sum_n A_n \times CW_n$，$A_n$ 为行政区域内不同种类保护区的面积，CW_n 所对应的权重和不同种类保护区相应权重。$SCF = \sum_{i=1}^{z} MCF_i$，州政府生态保护因子是其行政区域内所有地市政府生态保护因子之和。参见刘强等：《巴西生态补偿财政转移支付实践及启示》，载《地方财政研究》2010 年第 8 期。

〔4〕 See Lasse Loft, et al., "The experience of ecological fiscal transfers: Lessons for REDD+ benefit sharing", Occasional Paper, 2016 Center for International Forestry Research, p. 154, http://www.cifor. org/publications/pdf_ files/OccPapers/OP-154. pdf.

市已经在考虑将基于绩效结果的付款用于生态转移支付收入。有些城市采用评分系统来评估保护质量，得分为正的城市将获得收入增加，这有可能形成良性循环，转移支付收入部分适用于保护区和土著土地或保护区和土著土地周围地区。[1]

（二）国外生态补偿转移支付扶贫立法对我国的启示

尽管国外生态补偿转移支付更侧重于维护微观主体（贫困个人）的利益，以贫困地区为对象的特定转移支付不明显，但其法制化理念、权利保障理论以及相关的绩效考核机制仍为我国构建生态补偿扶贫长效机制提供了一定的参考。

1. 坚持生态补偿扶贫法制化原则。

国外生态补偿扶贫立法经历了从无意识到有意识规范、从财力支持到权利保障的发展过程，扶贫的效果日益明显，这有值得借鉴的经验，即坚持生态补偿扶贫法制化，因为生态补偿设立的最初目的就是利益衡平，利益的充分表达是立法的前提和基础。庞德曾言，"法律的根本任务或作用就在于承认、确定、实现和保障利益"[2]。"英明的法律，就其本质来说，是要把幸福普及给所有人的，不让他只为少数人所有；否则，在一边全是实力和幸福，而在另一边只是软弱无力和贫困。"[3]我国的生态补偿立法中大多都强调要对贫困地区或贫困人口倾斜补偿，表明生态补偿扶贫法制化原则已经得到了很好的贯彻，当然还需要继续深入研究生态补偿扶贫的内涵与外延、利益相关者的权利和义务，清晰界定贫困地区生态产品的价值，明确贫困地区倾斜生态补偿标准等。

---

〔1〕 See Lasse Loft, et al., "The experience of ecological fiscal transfers: Lessons for REDD + benefit sharing", Occasional Paper, 2016 Center for International Forestry Research, p. 154, http://www. cifor. org/publications/pdf_ files/OccPapers/OP－154. pdf.

〔2〕 刘全德主编：《西方法律思想史》，中国政法大学出版社 1996 年版，第 236 页。

〔3〕 ［日］福泽谕吉：《劝学篇》，群力译，商务印书馆 1984 年版，第 10 页。

2. 透视国外生态补偿扶贫的理论框架，吸收其开放的权利体系。

国外生态补偿扶贫主要根源于生态补偿的效率与公平、可持续发展、包容性增长以及社会保护底线等理论，具体确认生态补偿方案时主要考虑如下几方面：（1）明确制定环境保护和缓解贫困两个目标，并确定在发生冲突时应优先考虑的目标，如定位于贫困和生态环境脆弱地区；（2）与其他政策如就业、培训等政策相配套；（3）确保利益相关者了解生态补偿的相关信息，保障知情权和参与权；（4）实行非固定化的支付标准，在保障支付水平足够高于农民的机会成本的基础上，以国家固定补偿为主，以地区（社区）补充支付为辅，实现长期激励；（5）允许参与者进行投诉和上诉；（6）注重评估与监督。

国外生态补偿扶贫的实践蕴涵着开放的权利体系，一方面赋予涉利益相关者的知情权、参与权、救济权和监督权等，而且为了分配公平，还进行了民主程序设计，保障利益相关者能有效参与；另一方面也保障了政府在生态补偿扶贫中的自主调整权，确保政策符合贫困与生态环境保护的实际情况，并且适时进行调整。生态补偿扶贫中开发的权利体系设计有重要的借鉴意义，以自由，事先知情的方式公平分配对环境服务和遗传资源的惠益，符合生态保护与缓解贫困"双赢"的现实需要，有利于生态补偿扶贫长效实现。

3. 研究自然资源公有产权背景下生态补偿对贫困微观主体的利益保护。

基于对效率的追求，国外多采用自然资源私有的产权制度，这一背景下的生态补偿更易惠及贫困微观主体。我国现实中存在生态补偿可能难以完全覆盖贫困微观主体这一现象，加之国外自然资源私有产权相对于环境成本内部化或"谁受益，谁补偿"的直观优越性，可能带来某些学者思想认识上的波动。需要正确认识生态补偿可能难以完全覆盖贫困微观主体这一现象中产权的因素。生态补偿可能难以完全覆盖贫困微观主体不是自然资源公有产权本身所引起的，反而可能是所有权人不到位的结果，国家或集体（特别是集体）缺乏明确充分的权利采取措施利用和保护自然资源，进而难以确定具体的自然资源保护人（被补偿贫困微观主体）。要解决上述问题，所有权人应归位，落实确权赋能，让集体（地方政府）拥有更多生态补偿方面的自主权，全面识别生态保护中的贫困人口。

应坚持实施贫困地区生态补偿和贫困人口生态补偿并重的举措。国外生态补偿重视对贫困人口的补偿，但由于补偿项目资金有限、时间持续性难以保证或其他程序设计缺陷，也难以持续实现贫困人口的全覆盖。我国也注重对建档立卡贫困人口生态补偿，提供资金补助或生态岗位，一定程度上实现了贫困缓解，但同样面临着同其他国家一样固有的局限性。弥补之道是对贫困地区实施整体性倾斜补偿，然而，资金的有限性使贫困地区生态补偿与其生态功能地位不相匹配，生态保护与缓解贫困的矛盾依然明显。实践基础上，2019 年我国制定了《生态综合补偿试点方案》，以地区为主体强调实施生态综合补偿，要求创新生态补偿资金使用方式，增强贫困地区造血能力，提高生态补偿的整体性效益，实现生态保护与缓解贫困"双赢"。2020 年 2 月，根据相关省份报送名单，国家发展改革委确定了 50 个生态综合补偿试点县名单。50 个试点县中 37 个县（市）曾为国家集中连片特殊困难县（市）或国家扶贫开发工作重点县，占生态综合补偿试点县的 74%，当然，贫困地区生态综合补偿作为解决生态保护与缓解贫困矛盾的利器，应该值得向脱贫地区继续推广。在对脱贫地区倾斜生态补偿的基础上，坚决落实脱贫地区生态综合补偿举措，惠及更多的相对贫困人口。

4. 注重对生态补偿转移支付整体性效益的考核。

依据前文所述，国外生态补偿转移支付也将贫困作为决定倾斜支付的重要因素，同时也依据结果进行动态调整。结果考核指标初期较为重视生态评价指标，以增强对生态保护的激励作用。不过，随着生态补偿多重目标理念的渗透，国外生态补偿转移支付效果评价往往与促进经济发展、环境保护和社会福利等多方面整体性效益相关联，而且特别关注生态补偿项目的实施对贫困的环境服务者是否具有正效应。

第五章

生态综合补偿自主权的提出及其法治路径

自十八届三中全会将生态文明建设定位为国家全面深化改革的重要内容以来，政府生态治理法治化成为生态文明体制改革的核心。"国家生态机构改革""赋予地方更多自主权""山水林田湖生命共同体""建立综合型环境治理机制""绿色发展""健全环境治理领导责任体系"等生态热点经常见之于国家重要政策文件之中。生态文明体制实践改革必将促进环境法的发展。利用法律规范、法律原则和法律逻辑来分析生态文明体制改革中的实践问题，成为环境法新的研究阵地。面对这种革新趋势，作为生态文明体制改革重要内容之一的生态补偿制度，其研究范式也应作出必要的调适与完善，以回应生态补偿实践中出现的新问题和新趋势。

一、生态综合补偿自主权的提出与界定

（一）生态综合补偿自主权的提出

法学领域，生态补偿自提出伊始就被认为是利益的衡平工具，研究始终围绕谁来补、补给谁的责任分配机制构建进行。责任分配机制意在明确生态补偿义务主体和受偿主体，但现实中生态产品服务具有复杂性，生态补偿主体难以清晰界定，且责任分配机制易抹杀生态补偿对环境正外部性

补偿的实质。在此基础上，基于生态补偿以激励为核心内涵的思想，[1]学者提出应从权利确认的角度明确生态补偿的受偿条件和受偿主体，[2]生态补偿法律宜通过权利确认进而识别、确认、表达、维护相关利益，以实现长效激励。[3]生态补偿发展研究集中于单一性的权利维度，寄希望通过对受偿主体法律权利的确认与保障，真正实现对生态产品服务作出具体贡献的个体的利益，以激励生态产品的持续供给。但事实上，生态产品的持续供给受到多种因素的影响，生态补偿法律关系也呈现出复合性和阶段性，不仅包括了资金来源阶段补偿义务主体和受偿主体之间的权利性补偿关系，还延展到补偿落实阶段政府纵向的权力性补偿关系。要厘清生态补偿法律关系的全貌，研究中还需要将追求生态补偿整体性绩效思维拓展进权利思维，完成生态补偿全过程的法律调控，以实现生态产品的可持续供给。

尽管生态补偿法律研究少有问津生态补偿落实和绩效问题，但生态补偿的实践难题引发的国家政策调整已经为此方面的法律研究提供了指引。2019 年 11 月 15 日国家发展改革委印发了《生态综合补偿试点方案》。该方案要求在安徽、福建、江西、海南、四川、贵州、云南、西藏、甘肃、青海共 10 个省份 50 个县推广试点生态综合补偿，通过创新生态补偿资金使用方式，融合政府补偿与市场补偿、纵向补偿与横向补偿，进行生态保护的同时增强地区自我发展能力，实现生态保护与经济发展的整体性效益。为了能更好地实现地方生态补偿整体性效益、尊重地方政府落实生态补偿阶段的职权，必须完善地方政府生态补偿的权力基础。基于此，研究应认真对待地方政府生态补偿中权力存在的理论逻辑。法视角下，地方生态综合补偿要实现的整体性效益可理解为地方政府的生

---

〔1〕 See Arild Vatn, "An institutional analysis of payments for environmental services", *Ecological Economics*, Vol. 69, No. 6., 2010, pp. 1245-1252.

〔2〕 参见谢玲、李爱年：《责任分配抑或权利确认：流域生态补偿适用条件之辨析》，载《中国人口·资源与环境》2016 年第 10 期。

〔3〕 参见王清军：《法政策学视角下的生态保护补偿立法问题研究》，载《法学评论》2018 年第 4 期。

态利益和资源利益的整合。[1]地方通过生态保护提供稀缺的优质的生态产品，满足人民的需求，构成地方生态利益；地方通过生态补偿得以合理开发利用自然资源提升自我发展能力，带来经济发展，实际上是资源利益的外在表现。地方政府的生态利益和资源利益既具有公益性又具有私益性。生态利益和资源利益因源于具有公共物品属性的生态产品，具有典型的公共利益属性。生态利益和资源利益作为具有人权属性的平等发展权的客体，[2]对于地区这一整体而言具有私益属性。依据法益理论，"权利是法律直接承认的私人利益或者是法律承认的私人利益主体赖以谋求利益之手段，权力则是代表公共利益，用以谋求公共利益之手段"[3]，生态利益和资源利益的实现应依靠权力或权利手段。生态综合补偿旨在实现生态利益和资源利益的综合性利益，因而，关于其的研究应该植入权利或权力的思维。

　　该方案要求地方自主创新，2018 年《福建省综合性生态保护补偿试行方案》提出"省直相关部门应赋予实施县统筹安排项目和资金的自主权"。国外 Driss Ezzine-de-Blas 等认为生态补偿应有合理程序设计，应考虑空间定位、支付差异性和条件性等；[4]Oreoluwa Ola 等认为不管是现金、实物还是其他支付模式都应符合当地实际需求，存在随着时间推移双赢效果降低的可能性，因此必须保障长期的充足资金。[5]哥斯达黎加通过《森林法》建立了森林生态补偿专门管理机构 FONAFIFO，这是一个具有独立法律地位的半自治机构，享有资金管理方面的自主权

---

〔1〕　参见史玉成：《环境利益、环境权利与环境权力的分层建构——基于法益分析方法的思考》，载《法商研究》2013 年第 5 期。

〔2〕　参见汪习根主编：《平等发展权法律保障制度研究》，人民出版社 2018 年版，第 40 页。

〔3〕　董兴佩：《法益：法律的中心问题》，载《北方法学》2008 年第 3 期。

〔4〕　See Driss Ezzine-de-Blas, et al., "Global Patterns in the Implementation of Payments for Environmental Services", *Plos One*, Vol. 11, No. 3., 2016.

〔5〕　See Oreoluwa Ola, et al., "Determinants of the environmental conservation and poverty alleviation objectives of Payments for Ecosystem Services (PES) programs", *Ecosystem Services*, Vol. 35, 2019, pp. 52-65.

等，[1]这些文字与论述给了本书研究的思路，进而提出了生态综合补偿自主权的概念。自主权包含了积极性权力和防御性权力，[2]积极性权力赋予地方政府生态综合补偿自由裁量的空间，防御性权力有利于地方生态综合补偿权能对抗外部性的干预，切实有利于生态综合补偿的实现。此基础上，生态综合补偿自主权如何界定，探寻其正当性及理论渊源，分析其发展历程及内容拓展，并为其勾勒法治路径框架，成为本书行文的逻辑与主旨。

（二）生态综合补偿自主权的定义与解读

何谓生态综合补偿自主权？本书认为，生态综合补偿自主权是指地方人民政府（省级、市级和县级政府），以实现生态改善和经济发展"双赢"整体性效益为目标，在法律政策范围内自主整合使用管理生态补偿资金、统筹生态补偿方式及对抗外部干预的资格或能力。对这一概念内涵的解读可以从以下几个角度着眼。

第一，生态综合补偿自主权适宜地方政府享有。生态综合补偿要求统筹补偿资金、统筹补偿方式、统筹考虑补偿效益。全国范围内生态综合补偿自主权是有差异的，各个地方自然资源禀赋不同，生态补偿的重点不同，生态产业或生态建设重点各异，生态综合补偿自主权的主体范围、职权对象和监管方式途径等方面都存在差别。生态综合补偿自主权中"自主"二字是关键词，意味着自己做主，发挥主动性和积极性，从时间要素、空间要素和主体能力来看，都难以整齐划一，因此生态综合

---

[1] 参见中国 21 世纪议程管理中心编著：《生态补偿的国际比较：模式与机制》，社会科学文献出版社 2012 年版，第 116～132 页。

[2] 边沁的法律权力理论将地方自治权分解为防御性权力和积极性权力，前者是地方政府拥有的相对于中央政府的优先权力，后者则是地方政府拥有的指向于个人的审查、强制执行等的权力。学者发展观点认为防御性功能意味着，地方自治的权能不需要个别的法律授权即可赋予；并且，存在即使以法律也不能够侵犯自治权能的问题意识。参见 H. L. A. Hart, "Bentham on Legal Powers", *The Yale Law Journal*, Vol. 81, No. 5., 1972；[日] 盐野宏：《行政组织法》，杨建顺译，北京大学出版社 2008 年版，第 92 页。

补偿自主权适宜地方政府享有，并主要通过地方性立法进行规定，这样更易收到因地制宜效果。

第二，现阶段，生态综合补偿自主权是行政性放权的结果，长远来看应该法制化。从词源来看，生态综合补偿自主权不是宪法和法律语境下的规范概念，而是提炼于国家生态综合补偿政策，如《中共中央、国务院关于打赢脱贫攻坚战的决定》、《关于健全生态保护补偿机制的意见》、《生态扶贫工作方案》以及《生态综合补偿试点方案》等政策性文件。中共十九大报告强调"赋予省级及以下政府更多自主权""使地方政府切实拥有谋事、干事、成事的充分自主权"。体现了国家行政管理简政放权改革的思路，自上而下的放权是其核心思想。长远来看，生态综合补偿自主权应该法制化。此自主权的赋予符合《中华人民共和国宪法》规定的"充分发挥地方的主动性、积极性"的法律精神。法治社会，完全的自主权是不存在的，任何主体任何行为都应受到相关法律法规的规制。且生态综合补偿本身是一项具有较强政策目的性的制度，只有以法律形式加以规范，并辅以相应的监督责任机制，才能使其目的得以充分实现。如果地方政府生态综合补偿自主权范围不明、权限不清、法律后果缺乏，难以避免自主权滥用、目标偏离等的后果。

第三，赋予地方政府生态综合补偿自主权，有利于"造血型"生态补偿的实现，促进地区生态改善和经济发展"双赢"整体性生态效益实现。省级政府的生态补偿自主权主要体现在制定区域内生态综合补偿规范、引导监督体系的构建等方面。市县级政府（主要是县级政府）拥有了生态综合补偿自主权，能将纵横向各渠道补偿资金整合起来，根据地方的实际情况，针对当地生态环境的重点环节、重点领域和重点问题，因地制宜地用于生态建设或生态产业或提供生态岗位，在生态环境保护的同时提高自身全面发展的能力。本质上，生态综合补偿自主权使外部补偿内化形成地区自身造血机能，"输血型"生态补偿得以向"造血型"生态补偿转变，地区生态改善的同时带动经济社会的发展。

二、生态综合补偿自主权的正当性分析与理论渊源

（一）生态综合补偿自主权的正当性分析

权利是经验与历史。[1]权利是经验，主要源于不义经验；权利是历史的，表明权利是发展的，不同社会的不同人享有不同的权利。[2]生态综合补偿自主权源于生态补偿经验需求，受不义经验的刺激。生态补偿现实难题是，生态保护行为中生态媒介性或生态效益受生态规律影响，生态保护的受益主体与施益主体之间难以形成——对应的关系，[3]即难以确定地锁定权利义务主体，生态保护的客观生态系统效果使受益主体扩大化，施益主体模糊化。"在生态补偿主体难以对生态受损主体直接补偿的情况下，生态补偿需要实施主体，而生态补偿的最佳实施主体只能是政府"[4]，政府通过行使权力，进行利益的合理分配。长期以来，政府生态补偿是"自上而下"推动的，涉及中央政府、地方政府、个人等诸多主体，在追求利益最大化的过程中，中央政府通过相关生态补偿法规的制定实现对地方政府的控权，鼓励地方政府对生态补偿资金的竞争，地方政府花费相当的精力用于与中央政府的讨价还价中。此后地方政府在落实生态补偿时，将自身当作生态补偿利害关系人的中立裁判者，拒绝调整与改进程序来实现生态补偿目标，这种"统计数量"式的执行进路完全违背了自主参与的精神，以至于生态补偿这一外在支援始终难以转变为地方发展的内在动力。这一现象呈现为生态补偿"低效率"，地方政府在自然资源管理过程中生态利益和资源利益始终处于对立地位。赋

---

〔1〕 参见［美］艾伦·德肖维茨：《你的权利从哪里来?》，黄煜文译，北京大学出版社 2014 年版，第 69 页。

〔2〕 参见严存生：《"新权利"的法哲学思考》，载《江汉学术》2019 年第 3 期。

〔3〕 参见杜群：《生态保护及其利益补偿的法理判断——基于生态系统服务价值的法理解析》，载《法学》2006 年第 10 期。

〔4〕 史玉成：《生态补偿的理论蕴涵与制度安排》，载《法学家》2008 年第 4 期。

予生态综合补偿自主权，正是为了回应地方执行生态补偿引发的"低效率"问题。

生态综合补偿自主权是被社会所认可的自由，顺应生态补偿发展的规律。生态补偿发展的历史证明，庇古型生态补偿应与科斯型生态补偿相融合，才能实现生态补偿的多重目标，[1]具体为在自然资源管理过程中实现生态利益和资源利益双重目标的有机结合，即"高效率"。地方生态补偿"高效率"是社会所认可且追求的。生态综合补偿是生态补偿发展的必然趋势，赋予地方政府生态综合补偿自主权不仅强调政府的责任，也注重权利（产权）的赋予、利益的最大化，符合公认的庇古型和科斯型相结合的生态补偿理念，不侵犯其他地区生态补偿自主性，而且还有利于地方的整体公共利益。

权利通过解决实际问题来验证其功效。生态综合补偿自主权是一种特殊形态的权利，主要是地方政府的特权，表现为执掌者的职权，与义务合二为一，没有尽应尽义务，意味着他的失职，职权与职责统一有利于生态保护者个体权利的保护和公共利益的维护。2018 年，福建省明确颁布了《综合性生态保护补偿试行方案》，将 23 个县（市）纳入省内综合性生态保护补偿试点实施范围，按比例统筹整合 9 个部门 20 个与生态环保相关的专项资金，设立综合性生态补偿资金池，根据试点县生态指标考核结果，给予分档奖励。赋予实施县安排项目和资金的自主权，同时实施绩效挂钩责任制度，倒逼各地从以往重完成工作量向重绩效结果转变，生态综合补偿效果显著，23 个实施县生态环境质量持续改善，生态环境指标明显优于以前水平。[2]福建省的做法得到了国家发改委的肯定与推广，国家《生态综合补偿试点方案》出台与之密切相关。从个

----

〔1〕　参见徐丽媛：《生态补偿中政府与市场有效融合的理论与法制架构》，载《江西财经大学学报》2018 年第 4 期。

〔2〕　资料参见《生态综合补偿试点典型经验之一 做好"绿""利"文章——福建省生态保护补偿实现保护者与受益者双赢》，载 https://www.ndrc.gov.cn/fggz/202008/t202008_12_12360 44.html，最后访问日期：2020 年 10 月 6 日。

案到政策出台，体现了生态综合补偿自主权在法律与意识中被确立的能力。

（二） 生态综合补偿自主权的理论基础

1. 权力结构理论为生态综合补偿积极性权力来源提供了理论源泉。

权力结构理论认为，从权力的来源看，权力来源于人民，权力结构的合理性应服务于人民的利益。为保证人民这一"委托人"的主体地位，人民只有将权力授予不同的主体，地方因此获得了一定权力资格。[1]权力分层将中央—地方—民众的单向层级直线控权关系改造为中央与地方、中央与民众、地方与民众的三角权力关系；[2]将传统的控制与被控制关系转变为"伙伴关系"，切实实现民众的利益。"好的法律应该提供的不只是程序正义，应该既强有力又公平；应该有助于界定公众利益并致力于达到实体正义"[3]。

地方政府从权力来源的视角获得了生态综合补偿自主权，有利于切实实现生态保护个体的利益。生态补偿的法律属性之一是环境正外部性内部化，通过受益者对生态建设者或牺牲者进行补偿。地方政府最了解本地生态保护的实际情况，谁是生态保护的建设者或牺牲者、生态贡献的大小等，享有了统筹生态补偿资金、统筹生态补偿方式的自由裁量权，才能切实维护生态保护个体的利益。

2. 地方权力的治理权能理论为生态综合补偿积极性权力的运行提供理论支撑。

新行政法对地方权力的关注，逐渐从权力约束向治理权能转变，提出了合作治理理论。合作治理理论围绕联合解决问题与远离控制裁量权，

---

〔1〕 参见周永坤：《权力结构模式与宪政》，载《中国法学》2005年第6期。

〔2〕 参见魏红英：《纵向权力结构合理化：中央与地方关系和谐发展的基本进路》，载《中国行政管理》2008年第6期。

〔3〕 ［美］诺内特、塞尔兹尼克：《转变中的法律与社会》，张志铭译，中国政法大学出版社1994年版，第82页。

以解决问题为导向，强调利益相关者的合作与参与。[1]合作模式的参与是一种"制度化"的参与，赋予利益相关者"主人翁地位"，利益相关者能持续参与行政行为的始终，并且能根据临时出现的问题修改方案，同时辅以监控责任机制。[2]地方政府是重要的利益相关者，是目标的设定者、合作参与的召集者与助成者和效果的检验者，应有权因地制宜地制定规则，将所需的财力和人力投入特定行政管理活动中。英国当代公法名家科林·斯科特认为，政府的资源不限于法律权威，还包括公共财富、信息节点与组织能力，地方政府在不同程度上占有这些资源，这就赋予其一定的权力。[3]

从发挥治理权能的视角，地方政府应获得生态综合补偿积极性权力，因地方政府掌握区域内生态补偿的历史、运行过程中的冲突等信息，有资格或能力在一定程度上行使规制权力，因地制宜制定政策规范实现生态补偿。有效的治理要求治理主体具有相应的应变能力，强调治理主体的话语权和参与权。[4]赋予生态综合补偿自主权，地方政府则在落实生态补偿职责中有了充分的话语权和参与权，"输血型"生态补偿真正转变为"造血型"生态补偿才成为可能。

3. 可持续发展权理论为生态综合补偿权利自由提供了思想武器。

发展权是个体或集体享有的参与和促进经济、社会、文化和政治全面发展并享受发展成果的权利。[5]发展权关注发展机会均等和发展利益共享，成为人权事业发展的新动向。汪习根教授等进一步提出了"可持续发展权"概念，认为在经济增长与生态保护之间应确立最佳变量和合

---

〔1〕 参见［美］朱迪·弗里曼：《合作治理与新行政法》，毕洪海、陈标冲译，商务印书馆出版社 2010 年版，第 34 页。

〔2〕 参见［美］朱迪·弗里曼：《合作治理与新行政法》，毕洪海、陈标冲译，商务印书馆出版社 2010 年版，第 39~47 页。

〔3〕 参见［英］科林·斯科特：《规制、治理与法律：前沿问题研究》，安永康译，清华大学出版社 2018 年版，第 36 页。

〔4〕 参见［英］科林·斯科特：《规制、治理与法律：前沿问题研究》，安永康译，清华大学出版社 2018 年版，第 4 页。

〔5〕 参见张守文：《经济发展权的经济法思考》，载《现代法学》2012 年第 2 期。

理边界，确保发展权进入经济、政治、文化、社会与生态"五位一体"全面协调可持续发展的新常态。[1]"绿化"的发展权拓展了发展权的主体，地方政府作为发展权的主体跃然纸上。"绿化"的发展权优化了发展权的客体，生态利益和经济利益统筹而成的发展利益成为新的追求。"绿化"的发展权也强化了发展权的内容，要求有资格、有能力去实现发展利益。

生态补偿领域资金来源单一、使用不够精准、激励作用不强等突出问题难以消除，其根源在于地方政府自我调节、自我发展的能力不够而非投入不足。在可持续发展权观念下，地方政府应是"绿化"的发展权的独立利益主体，既要保障生态利益，又有实现经济利益的现实需求，应有统筹生态补偿资金、整合生态补偿方式带动生态产业发展的权利自由，以实现区域整体性发展利益。

概言之，生态综合补偿自主权的理论渊源，根植于生态保护个体与政府之间的信任委托关系，并立足于地方政府生态治理权能，内化为生态综合补偿积极性权力；同时探寻于地方政府可持续发展权，外化为生态综合补偿防御性自由。

三、生态综合补偿自主权的演变逻辑与内容拓展

生态综合补偿自主权产生、发展及内容拓展，是对此自主权内在构造的探究，有利于明晰应然状态下蕴含的内容与内在价值追求，厘清其从初现变动到长效稳定的内在逻辑。

（一）演变逻辑：地方政府最大限度地寻求生态补偿自治权力

虽然本书首次提出生态综合补偿自主权的概念，但从其内在意涵来看，并非不能追根溯源。从内容看，生态综合补偿自主权意味着地方政

---

〔1〕 参见汪习根、朱林：《新常态下发展权实现的新思路》，载《理论探索》2016 年第 1 期。

府一定程度上拥有了生态补偿资金使用全方面的自主性，是地方政府权力的外在表现。这是一个历时较长的过程，从生态补偿标准的不断提高，到地方生态补偿配套资金取消，再到重点生态功能区区域生态补偿的发展、湿地、林业等专项生态补偿立法开始逐步整合，终至地方政府拥有生态综合补偿自主权。

初始，生态补偿领域地方政府的权力用于谋求地方人民利益。以我国影响最为深远的森林生态补偿来看，补偿标准不断提高伴随着地方利益的逐步表达。2001 年国家重点生态公益林补偿标准为平均每年每亩 5元，地方多年生态补偿实践表明，这一补偿标准离弥补林农的利益还有很大的差距。[1]2009 年中央财政将集体和个人所有的国家级公益林补偿标准提高为每年每亩 10 元，2013 年提高到每年每亩 15 元，2019 年进一步提高到每年每亩 16 元。[2]这一过程中，地方政府充分承担了人民利益捍卫者的角色，积极向中央政府表达辖区内人民的自主意志，生态补偿标准得以逐步提高趋向林农或集体组织因保护林木而损失的经济收益。

2009 年国家重点生态功能区转移支付办法试点出台，生态补偿领域地方政府权力进一步立体化。《2012 年中央对地方国家重点生态功能区转移支付办法》赋权省级政府享有根据本地实际情况，规范省内国家重点生态功能区转移支付资金分配和管理的权力。2019 年的《中央对地方重点生态功能区转移支付办法》更是要求财政部将重点生态功能区转移支付数额提前告知地方，以便其编制下一年度的相关财政预算。可见，立法逐步将地方政府置于生态补偿权力主体的地位，而不仅仅是一种财力补偿。

地方生态补偿配套资金的取消标志着地方生态补偿自主权的正式松

---

〔1〕　参见韩乐悟：《生态补偿政策咋就执行走了样》，载《法制日报》2006 年 4 月 21 日，第 6 版。

〔2〕　参见财政部：《财政部对十三届全国人大二次会议第 5094 号建议的答复》，载 http://zyhj. mof. gov. cn/lh/2017jytafwgk_ 9467/2018rddbjyfwgk/201909/t20190910_ 3384041. htm，最后访问日期：2019 年 10 月 11 日。

绑。2000 年国家天然林保护一期工程实施之初，生态补偿所需资金由中央补助 80%，地方承担 20%。[1]2010 年开始的天然林保护二期工程没有硬性要求地方承担的资金比例。1998 年《中央财政预算内专项资金水土保持项目管理试行办法》第 15 条规定，水土保持项目建设所需资金按照事权划分原则，地方各级政府必须相应安排配套资金，地方配套资金与中央投入资金的比例，少数民族地区和经济不发达地区不低于 0.5∶1，其他地区不低于 1∶1 配套。同时地、县两级也需配套安排资金。而 2010 年《中华人民共和国水土保持法》没有强制性配套规定，只要求"多渠道筹集资金，将水土保持生态效益补偿纳入国家建立的生态效益补偿制度"。地方生态补偿配套资金取消也给了地方政府生态补偿资金自主供给的空间。地方政府可利用自身的权力因地制宜地配给资金，如江西省森林补偿资金进行适时调整，2007 年将国家级和省级公益林补偿一并提高到每年每亩 6.5 元，2008 年提升至每年每亩 8.5 元、2009 年每年每亩 10.5 元、2011 年每年每亩 15.5 元、2013 年提高到每年每亩 17.5 元等。

如果说地方生态补偿配套资金取消是地方政府生态补偿资金供给自主权的体现，那么生态补偿专项转移支付的整合归并则蕴含了地方政府生态补偿资金使用的自主权。2014 年《中央财政农业资源及生态保护补助资金管理办法》统一规定了中央财政用于支持耕地、草原生态保护与治理、渔业资源、畜禽粪污综合处理等方向的资金管理。2016 年《林业改革发展资金管理办法》统筹规定了中央财政用于森林管护、森林培育、生态保护体系建设、国有林场改革、林业产业发展等支出方向的专项资金。2018 年《林业生态保护恢复资金管理办法》统一规范了中央财政用于天然林保护工程社会保险、政策性社会性支出、禁止天然林商业性采伐、退耕还林、退耕还草等方向的专项转移支付资金。依据这些立法的精神，省级政府在各生态补偿领域具体安排资金比例上有一定的自主权，

---

〔1〕《长江上游黄河上中游地区天然林资源保护工程实施方案》，载 http://www.docin.com/p-109137035.html，最后访问日期：2019 年 7 月 16 日。

也可根据本省实际情况确定发放的标准。

纵观生态补偿自主权的演变过程，集中体现了地方政府最大限度地寻求生态补偿自治权力，以获取更多实现利益或利益分配的特权。从生态补偿地方人民利益的表达到地方权力主体的地位确立，从生态补偿资金供给自主权到生态补偿资金使用自主权，直至生态补偿综合性自主权的理念形成，经过近 20 年的生态补偿实践，国家层面越来越认识到地方政府组织统筹的作用。2019 年国家出台《生态综合补偿试点方案》，鼓励地方从实际出发，加强统筹协调，因地制宜、自主创新、形成灵活多样、操作性强、切实有效的补偿方式，生态补偿责任视角开始向生态综合补偿权力视域转变。

（二）内容拓展：权力与权利的二元向度

词源上，生态综合补偿自主权是一个含混的概念，权力和权利都可以简称为"权"。因此，如果不考虑具体语境，生态综合补偿自主权既可以理解为生态综合补偿自主权力，也可以理解为生态综合补偿自主权利。

生态综合补偿自主权的二元面向源于生态综合补偿的两个向度。基于对内立场，生态综合补偿需要地方政府作为执行者，统筹补偿资金和补偿方式，并实现整体性生态效益。整个过程中，地方政府是组织管理者，可以自主决定补偿范围、补偿标准和补偿对象等。这个意义上看，生态综合补偿具有权力的性质。基于对外的立场，生态综合补偿自主权是地方政府对抗中央政府或其他地方政府不当干预的自由，地方政府作为生态保护者或利益牺牲者为维护自我发展权，对中央政府或其他地方政府享有生态综合补偿的请求权。这个意义上看，生态综合补偿具有权利的性质。

从生态综合补偿自主权的实际运行来看，生态综合补偿自主权力和生态综合补偿自主权利发生在不同的法律关系中。生态综合补偿自主权力主要发生在地方政府和区域内生态保护个人、单位之间，形成组织管理关系，蕴含生态补偿资金预算（统筹整合）自主权、生态综合补偿支出（项目使用）自主权和生态综合补偿监管自主权等。生态综合补偿自主权利主要发生在地方政府和中央政府或其他地方政府之间，中央层面法律设定的规则不能减少地方政府生态补偿资金的总体数额；定向转移支付不能限制地方政府生态综合补偿的权限；横向生态补偿的合同自由得到充分尊重；有促进市场化生态补偿的激励机制等。

一般而言，权力与权利不能兼容。生态综合补偿自主权呈现二元面向，主要因为权力（利）主体——地方政府这一公法人，公法人的组织独立性是解决公法人基本权利能力问题的根本思路。[1]地方政府生态综合补偿是实现公共事务的行为，是地方独立公共利益的代表。公共利益不仅有国家利益，也应该包括地方公共利益，公共利益的分化要求承认地方政府生态综合补偿的基本权利。地方政府这一基本权利也是地方政府运行生态综合补偿权力的前提，地方生态综合补偿权力依据各种代议制落实，进而有利于生态保护个人、单位等权利的实现。

四、生态综合补偿自主权的法治保障路径

在国家公权力结构调整、中央向地方"放权"的大背景下，初期生态综合补偿自主权的保障主要通过国家政策来实现。但从其产生来看，生态综合补偿自主权是在现实政治秩序和法律制度变迁中逐渐形成的。因此，其权利保障路径也应坚持政法一体原则，政策保障和法治保障双轨并行、一体推进。生态综合补偿自主权呈现权力与权利二元向度的特殊性，如何构建其法治保障模式，没有可供借鉴的制度模板，只能在一般权利保障理论下，结合生态综合补偿的实践运行逻辑，围绕内部权力运行和外部权利自由两方面展开，形成生态综合补偿自主权运行的推动力、约束力和保障力。

---

〔1〕 参见王建学：《作为基本权利的地方自治》，厦门大学出版社 2010 年版，第 67 页。

表5-1 生态综合补偿内部权力运行检视

权力类型	主要内容	法律依据	关键问题	完善方向
资金统筹整合权	明确生态补偿资金统筹整合的依据与范围	《中央对地方重点生态功能区转移支付办法》《林业改革发展资金管理办法》《林业生态保护恢复资金管理办法》《中央财政农业资源及生态保护补助资金管理办法》等有分散规定	缺乏统一规范，如一般补偿资金和专项补偿资金可否统筹，各专项补偿资金可否统筹等	坚持法定原则，明晰权力的边界
项目分配规划权	建立绿色项目库；项目资金分配自主；形成绿色利益分享机制	较少的立法规定建立项目库（如《林业改革发展资金管理办法》第36条）	地方政府权力主体地位不明	打造追求生态综合补偿整体绩效目标的地方责任政府
监督管理考核权	生态综合补偿监督管理与考核验收	《中央对地方重点生态功能区转移支付办法》《林业改革发展资金管理办法》《林业生态保护恢复资金管理办法》《中央财政农业资源及生态保护补助资金管理办法》等有专门资金管理监督章节	问责机制不明确，考核"单要素"化	坚持用权受监督，建立程序控权机制和综合考评制度

（一）内部权力运行的法治保障路径

地方政府在生态综合补偿权力运行过程中，资金统筹整合、项目分配规划、监督管理考核等是必经路径，存在的问题是地方政府权力主体地位不明；一般补偿资金和专项补偿资金、各专项补偿资金之间可否统筹等缺乏统一规范；问责机制不明确，考核"单要素"化等，具体见表5-

1。生态综合补偿权力运行的法治保障探寻其运行的逻辑，围绕着运行目标追求、运行主体、运行内容和运行监督等要素展开。

1. 重塑生态综合补偿自主权的法律价值。

法律价值是地方生态综合补偿自主权运行的导向作用，对其运行起到规范和指导作用。根据生态综合补偿的本质，生态综合补偿自主权的最高价值目标应是保障民生。统筹资金使用，在保护生态环境的同时提高公共服务水平，实现民生保障。为了根本价值目标的实现，生态综合补偿自主权运行也追求正义、平等、公平、效率、人权、民主等多方面的价值。如给予贫困地区或贫困人口特殊的补助；生态产品价值提供者获得公平补偿，以弥补他们对生态保护做出的贡献；致力于实现生态保护和经济社会发展"双赢"的整体性效益；保证权力运行公开、透明等。只有为生态综合补偿自主权的运行构建正当价值体系，并坚持贯彻遵循，才能对抗权力运行偏离生态保护方向的担忧，需要培养地方政府生态综合补偿的法治思维，建立符合上述法律价值的制度体系，逐步实现地方生态综合补偿自主权的规范运行。

2. 打造追求生态综合补偿整体绩效目标的地方责任政府。

我国纵向生态补偿主要是森林、草原、湿地、荒漠、海洋、水流、耕地等重要生态系统生态保护补偿以及重点生态功能区和自然保护区的生态补偿；横向生态补偿主要是流域间生态补偿；市场生态补偿集中表现为碳排放权、排污权、用水权交易等。综合来看，诸多形式的生态补偿仍是各自为政的状态，每种生态补偿呈现的共同问题都是，补偿资金不足、资金来源渠道单一、补偿标准偏低，结果是补偿资金全部用于各生态环境保护项目实施上，没有给被补偿的区域和农户带来其他收益，以至于生态保护和经济发展矛盾突出，未能形成可持续的发展机制，需要建立纵向生态补偿和横向生态补偿、政府生态补偿和市场生态补偿相融合的机制。

促成各种方式相融合的综合性生态补偿，责任主体非地方政府莫属。《环境保护法》明确规定"地方各级人民政府应当对本行政区域的环境质量负责",地方政府拥有地方事务管理的职权,也有促进生态经济社会协调发展的动力。地方政府应从生态补偿一般化的"政府"主体或生态补偿实施主体身份中摆脱出来,成为生态综合补偿自主权的独立主体,以"属地管辖"为原则,充分发挥地方政府(特别是县级政府)统筹规划的作用。可以成立地方生态综合补偿委员会这一专门机构,加大各部门、各地区之间协调力度,统一规划纵向生态补偿和横向生态补偿、政府生态补偿和市场生态补偿。同时建立生态综合补偿政府目标责任制,激励地方政府开创多元融合的生态补偿机制;辅以领导干部自然资产离任审计、生态环境损害赔偿等约束制度。

3. 坚持法定原则,明晰权力的边界。

从法律上来看生态综合补偿自主权属于行政自由裁量权范畴,应遵循一般权力制约理论,确定权力归属、划清权力边界、厘清权力清单等,生态综合补偿自主权力的相关事宜应通过立法来明确规定或明确授权,生态综合补偿自主权力只有存在法定依据和获得法律授权下才能行使。

第一,坚持地方生态综合补偿自主权立法保留原则。国家对地方生态综合补偿自主权进行立法授权的同时,既要明确自由裁量的范围,也应明确立法保留的要素。国家发改委拟制定的"生态保护补偿条例"作为统领性的权威立法,应规范地方政府生态补偿的权力,加强"生态综合补偿"事项的立法,明确地方生态综合补偿的权限与财源;课予地方政府的义务,也应由立法加以规范。同时应加强生态补偿重点领域的立法,增加有利于地方生态综合补偿的财政制度的供给,搭建地方生态综合补偿权力的法定框架。

第二,明确地方生态综合补偿自主权的核心领域。法律保留的作用,是将可能限制地方生态综合补偿自主权的内容保留在顶层设计,核心领域的作用在于具体设定生态综合补偿自主权的内容。哪些权能是生态综合补偿自主权的核心领域呢?与资金统筹整合、项目分配规划、监督管理考核运行相对应的,包括地方立法权、执行权(包括预算权、审批权、调整权、规划权、组织权)、管理监督权等,这些权能涉及资金来源、资金整合范围、支出领域、支出对象、禁止的领域等实体性问题，核心领域往往是生态综合补偿自主权的实体保障。

第三，落实生态保护个人、单位的权利保护。坚持地方生态综合补偿自主权力法定主义，不仅是为规范权力的运行，还为防止权力主体对行政区域内生态保护个人、单位利益的侵害，需要保障生态保护者的知情权、参与权和监督权。一方面，通过人大对预算的审查机制，监督生态综合补偿自主权的实施；另一方面，发挥生态综合补偿信息公开公示制度的作用，从公开公示的范围、公开公示的内容、公开公示的渠道、公开公示的形式等多角度加强建设，保障民众的知情权、参与权。

4. 坚持用权受监督，建立程序控权机制和综合考评制度。

"一切有权力的人都容易滥用权力"[1]，生态补偿资金统筹范围的模糊性规定可能造成自主权功能性扩张，影响其他生态补偿受偿主体的权利，造成对当事人生态补偿利益的掠夺，偏离生态综合补偿政策性目标；带有竞争性的提升性补偿方式，易促使地方政府采用非规范化的手段竞争生态补偿资金，如弄虚作假、截留、挪用、挤占、套取生态补偿资金等。因此，生态综合补偿自主权应予以监管问责法律控制。通过生态综合补偿申请、审批、考核等主体分工控制生态综合补偿资金的规模、支出的结构，防止目标偏差；通过建立多部门利益协调机制，明晰各部门职责，对生态补偿资金整合加强监督管理。

生态综合补偿考核评价制度应从"单要素"向"综合"转变。以往的生态补偿考核评价主要围绕单一的环境要素开展，如流域补偿主要考虑界面水环境质量；林业补助资金主要考核林业生态建设、保护和恢复情况，国家级公益林管理及资源变化情况，林业有害生物发生和成灾情况，预防和治理成效，林业自然灾害损失情况，林业科技推广示范项目进展情况等。而实施生态综合补偿后的地区，需要重新建立与之相匹配

---

〔1〕［法］孟德斯鸠：《论法的精神》（上卷），许明龙译，商务印书馆 2012 年版，第 185 页。

的考核评价方式。在新的考核评价机制中，需从环境"单要素"考核向"综合"考核转变，综合考评地区的森林保护、流域水环境、饮用水环境、耕地保护、湿地保护、重要生态功能区保护等。符合区域的山、水、林、田、湖、草等环境要素本为一体的生态理念，生态环境治理坚持整体性原则，才能做到统筹兼顾。通过生态保护补偿资金分配与考核结果挂钩，激励地方政府自主统筹生态补偿资金，提高资金的使用效率。

表5-2　生态综合补偿外部权利自由检视

坚持原则	主要内容	法律依据	现实难题
创新补偿资金使用	有获取充足持续的补偿资金自由；定向转移支付不能限制地方政府生态综合补偿的权限	《中央对地方重点生态功能区转移支付办法》《林业改革发展资金管理办法》《林业生态保护恢复资金管理办法》《中央财政农业资源及生态保护补助资金管理办法》等	统筹一般与专项、纵横向生态补偿转移支付资金存在障碍
充分发挥市场化补偿作用	横向生态补偿的合同自由得到充分尊重；市场化生态补偿有激励机制	《排污权有偿使用和交易管理办法》《水权交易管理办法》《温室气体自愿减排交易管理暂行办法》	生态资产价值核算计量制度不成熟

（二）外部权利自由的制度保障

"无救济即无权利"，是保障权利得以实现的基本法理。发展权救济的理论前沿指出，应通过国家权利保护义务实现权利救济的一体化，要求"司法救济从消极的权利扩张视野中跳脱出来，转而强调发展权免遭侵犯的积极自由保障"。[1]这为地方生态综合补偿自主权利的实现提供了理论指引，即可通过国家积极作为的义务来实现相关的权利。这一理论为生态综合补偿自主权利的实现搭建了基本框架，但仍需细致的可操作

〔1〕　参见蒋银华：《新时代发展权救济的法理审思》，载《中国法学》2018年第5期。

性的制度架构，以形成自洽的权利保障机制。依据表5-2，生态综合补偿自主权实现的主要难点有二：一是统筹一般与专项、纵横向生态补偿转移支付资金存在障碍；二是生态资产价值核算计量制度不成熟。面对这两项难题，需有适宜的财政制度和生态产品价值机制。

第一，以基本权利的形态为核心构建生态综合补偿转移支付制度。

长期以来，生态补偿多以专项转移支付为主，专项转移支付资金通过"条条"途径以"专项"方式下达，用于办理特定事项，遵循"专款专用"原则，较多的条条框框制约了地方生态综合补偿的推进。因此，地方生态综合补偿自主权运行过程中，需要突破生态补偿专项转移支付资金"专款专用"原则。办法一是源头上实施区域生态补偿转移支付，如将林业、草原、耕地等专项生态补偿资金，全部纳入重点生态功能区转移支付，形成一般性区域生态补偿转移支付资金；办法二是生态补偿转移支付资金管理使用放权，打破专项转移支付资金"专款专用"原则，资金来源按原渠道下发，资金使用审批权下放到地方。试行阶段，办法二更具操作性。资金按原渠道下发，保证补偿资金的数量；允许地方政府有权实施奖补结合的生态补偿财政转移支付制度，通过奖励资金加大对本地区生态保护急需领域的支持力度。同美国分类拨款模式体现的精神相近——"以目标责任为导向且有利于发挥地方政府区域内福利计划设计和执行的自由决策"，[1]具体利用可参考"大专项+任务清单"管理模式，赋予地方更多的自主权，让其在预算编制环节设立生态补偿大专项、生态补偿扶贫大专项等，整合行业内（生态补偿资金）、行业间（生态补偿、环境保护税、资源税与涉农资金等）性质相同、用途相近的资金统筹使用，并辅以任务清单，引导地方政府从"挖空心思要钱"向

---

〔1〕美国分类拨款具备的特征包括：（1）联邦拨款资助限定在一个功能区域界定广泛的宽范围内；（2）接受拨款地方政府（州政府）在联邦分类拨款相关问题识别、设计规划、联邦拨款分配方面有实质性的决断力；（3）分类拨款任务重在保证国家目标的完成；（4）联邦拨款资助很少有配套要求。参见徐小平、张启春：《美国的政府间转移支付改革及启示》，载《中南财经政法大学学报》2010年第2期。

"下功夫用好钱"转变。

需要加快顶层设计，推动适宜生态综合补偿自主权的财政制度供给，以便生态补偿一般性转移支付资金和专项转移支付资金能整合使用，专项转移支付资金之间亦能统筹整合使用。重点则是要以基本权利形态架构奖补结合的生态补偿转移支付法律制度，重视地方生态补偿资金预算权，下放生态补偿资金使用审批权，赋予支付标准的调整权，为地方综合使用生态补偿资金预留空间。除了通过国家财政转移支付法进行法律指引外，"生态补偿条例"综合性立法也应进行原则性的规定，赋权"地方生态补偿资金统筹整合使用，形成合力，发挥整体效益"。

第二，落实国家权利保护义务，建立系列性生态资源资本制度。

生态补偿领域政府与市场的有效融合，一直是我国生态补偿制度发展的重要方向，也是生态综合补偿方案的主要内容之一。其关键操作是，在政府保障下"推动可量化的生态服务以有效率、可持续的价格和支付方式进行市场化交易"。[1]生态产品的内容、数量、受益对象等可以科学核算；合适的市场工具和交易平台；生态补偿成效权威的第三方评估机构，是市场生态补偿健康发展的必需品。

就地方生态补偿的现实来看，市场化生态补偿发展缓慢，绿色产业多处于培育阶段，尚未形成规模效应，对财政贡献有限，地方生态优势难以转化为经济优势。主要原因在于：资源分散难以统计、碎片化资源难以聚合、优质化资产难以提升、社会化资本难以引进等。[2]围绕着必需品与难题，国家保护义务有了落脚点，通过推进自然资源资产产权制度、提供生态产品价值核算制度、完善绿色产品标准认证制度、设立"绿色项目资源库"和生态资源交易平台制度以及建立生态补偿效益第三方评估制度等系列制度，完成市场生态补偿事前、事中和事后的系统管

---

〔1〕　参见王彬彬、李晓燕：《生态补偿的制度建构：政府和市场有效融合》，载《政治学研究》2015年第5期。

〔2〕　参见崔莉等：《自然资源资本化实现机制研究——以南平市"生态银行"为例》，载《管理世界》2019年第9期。

控，实现对地方生态综合补偿自主权利的保障。

总之，随着学术界对生态补偿法治研究的深入，生态补偿法律体系成为一系列概念、原则和规则的复合体，其表在责任分配，其里在权利性或权力性平衡，生态补偿制度不再局限于衡平补偿主体与受偿主体间利益的工具，还更多体现为政府生态治理权能的保障。从相关政策中提炼出生态综合补偿自主权，把地方政府在生态补偿法律关系中的主体地位凸显出来，可以将地方政府置于生态补偿的创造性活动中，更好地维护地方整体公共利益。生态综合补偿自主权的形成不是一蹴而就的，而是在生态补偿法律制度变迁中逐步形成的，其顺利运行仍需法治保障。既要从形式上肯定权力依据来源并进行程序设计，也要从实质上进行制度架构，促成生态综合补偿自主权的实现。生态综合补偿自主权是生态补偿法治理论研究的重要组成部分，生态补偿法律体系之构建应当尊重和保护地方政府生态综合补偿权利，实现对生态补偿全过程规制与制度供给，才能不断提升生态补偿法律的内在品质。

中国脱贫地区生态综合补偿转移支付
法律制度完善

党的十八大以来，生态文明建设已经提到国家战略高度，并写入了中国宪法。"法律是文明建设不可或缺的工具"[1]，日本著名思想家福泽谕吉也承认，"就目前情况而论，促进世界文明的工具，除了法制之外并无其他更好的办法"，[2]可见，法律对生态文明建设起到重要作用。脱贫地区生态补偿转移支付关系到贫困人口福祉和生态安全的重要问题，也应是生态文明建设的重要课题，解决这个问题，根本上来看需要法律制度的保障。"英明的法律，就其本质来说，是要把幸福普及给所有人的，不让他只为少数人所有；否则，在一边全是实力和幸福，而在另一边只是软弱无力和贫困。"[3]

一、中国脱贫地区生态综合补偿转移支付法律制度的价值目标

脱贫地区生态综合补偿转移支付的法律制度是指以宪法确认的环境保护制度和财政制度为基础，建立和实施的调整脱贫地区生态综合补偿转移支付的各项法律规范的总称，是存在于法律、行政法规、地方性法

---

〔1〕 〔美〕E. 博登海默：《法理学——法律哲学与法律方法》，邓正来译，中国政法大学出版社 1998 年版，第 394 页。

〔2〕 参见〔日〕福泽谕吉：《文明论概略》，北京编译社译，商务印书馆 1959 年版，第 137 页。

〔3〕 〔日〕福泽谕吉：《劝学篇》，群力译，商务印书馆 1984 年版，第 10 页。

规、部门规章等法律渊源中的制度体系。脱贫地区生态综合补偿转移支付的价值目标是关于脱贫地区生态综合补偿转移支付法律制度的价值追求的目的，是关于法的价值在脱贫地区生态综合补偿转移支付制度上的体现。脱贫地区生态综合补偿转移支付法律制度的价值目标在于保障和促进脱贫地区生态综合补偿转移支付的有效实现。而如何才能保障脱贫地区生态综合补偿转移支付的有效实现，关键在于其法律价值目标与脱贫地区生态综合补偿转移支付的价值目标的契合程度。脱贫地区生态综合补偿转移支付法律制度的价值目标高度契合了脱贫地区生态综合补偿转移支付的价值目标，就能反映脱贫地区生态综合补偿转移支付的要求，有力促进和保障脱贫地区生态综合补偿的有效实现。也就是说法律价值与经济价值的统一是确定脱贫地区生态综合补偿转移支付法律制度价值目标的依据。因此，探讨脱贫地区生态综合补偿转移支付法律制度的价值目标必先认识脱贫地区生态综合补偿转移支付的价值目标。

（一）脱贫地区生态综合补偿转移支付的价值目标

脱贫地区生态综合补偿转移支付的目标是通过对脱贫地区实施生态综合补偿转移支付，促进"输血型"生态补偿向"造血型"生态补偿的转变，在实现生态保护的同时，保障脱贫地区可持续的自我发展权，增加穷人的收入，实现脱贫地区包容性绿色增长。

1. 脱贫地区生态综合补偿转移支付以保障脱贫地区人民群众民生为最高价值目标。民生是人的生命和生活，民生最初依据土地资源予以保障，即耕者有其田。随着社会的不断发展，人们逐渐发现不仅土地资源甚而整个自然生态背景都与人们的生产与生活密切相关。地势相对平坦，海拔较低，存于适宜耕种的生态系统的沿海地带和平原地带等的地区经济较为发达，而地处山区、自然灾害易发、耕种条件有限地区的人们容易陷入贫困，特别是随着生态危机爆发，退耕还林、退耕还草等"禁伐""禁牧"政策的出台，原先富裕的林农、牧民甚至可能成为扶贫的对象。居民的生存问题与生态环境和生态保护政策密切相关。对于这些脱贫地区而言，解决居民的生存问题就是要解决生态环境保护及资源可持续利用问题。给予脱贫地区和脱贫人口倾斜性生态补偿转移支付，就是对那些为保护生态环境付出了大量的建设成本或丧失了良好的发展机会、经济上逐渐陷入贫困的地区或居民予以资金补助，使他们有进行生态环境保护的积极性。这其实就是为了解决居民的生存问题，现在的关键是如何保障脱贫地区和居民在保护环境的同时，实现自身的可持续发展。

　　生态补偿转移支付制度建立的初衷与保障民生密切相关。2002 年公布的《退耕还林条例》要求退耕还林坚持生态优先，同时"以粮代赈"，向土地承包经营权人提供补助粮食、种苗造林补助费和生活补助费；退牧还草的转移支付资金也是为牧民提供粮食补偿，意在生态保护的同时也能维持农民的基本生活。随着生态补偿制度的发展，生态补偿转移支付从森林扩展到草原、湿地、荒漠、河流、海洋和耕地等重点领域和禁止开发区域、重点生态功能区等重要区域全覆盖，提供全面公共性生态产品就是普惠的民生福祉。后来中央逐步加大对重点生态功能区（多数脱贫地区地处重点生态功能区）的转移支付力度，逐步提高其基本公共服务水平，保障人们的生产生活条件。可见，民生保障是发展时期脱贫地区生态补偿转移支付的价值追求。在脱贫地区生态综合补偿新背景下，探索脱贫地区生态综合补偿转移支付制度仍然是以保障民生为根本价值目标。这也是脱贫地区生态综合补偿的本质定性。价值是主体对客体的需要。脱贫地区生态综合补偿的主体是脱贫地区，其价值追求既要符合生态补偿的要求，又要满足脱贫地区扶贫脱贫的需要。孙中山先生的民生理论阐明，贫困是民生不遂的表现。[1]缓解相对贫困就是要保障民生，补偿资金帮助贫困人口解决生活困难，补偿资金使用有利于地区提高公共服务水平，满足人们生产生活需求，生态综合补偿效益惠及地方全体成员。

　　2. 脱贫地区生态综合补偿转移支付追求正义价值。社会正义在环境

<hr/>

〔1〕　参见《孙中山全集》（第一卷），中华书局 1981 年版，第 327~329 页。

保护领域体现为环境正义，即"公平地在人与人之间分配自然资源或分摊生态责任"。随着对贫困研究的深入，人们逐渐发现造成贫困的原因是复杂、多方面的，其中重要但一直被忽视的原因就是相当一部分脱贫地区的农民实际上成了生态民，生态农民的主要任务不是发展农业经济，而是保护和恢复生态环境。脱贫地区在国家发展中实际承担了"生态保障"、"资源储备"和"风景建设"的角色。正因此这些地区在限制开发或禁止开发的政策下丧失了许多经济发展的机会，从而陷入贫困或无法摆脱贫困的境地。然而，诸如国家、发达地区、单位和自然人等获益主体，在获得经济利益的同时却无偿享受着良好的生态环境，这种利益上的不平衡必然降低脱贫地区生态保护的积极性。因此，对脱贫地区或脱贫人口倾斜生态补偿不仅仅是保障脱贫地区民生，也是保障整个社会民生，具有社会正义价值。

3. 脱贫地区生态综合补偿转移支付追求平等和公平价值。生态补偿遵循"谁受益，谁补偿"原则，脱贫地区生态综合补偿转移支付要求将受益者和被补偿者（脱贫地区）放在平等的地位，享有相关的权利并承担相应的义务，警惕对脱贫地区同情、施舍的思路，避免公权力对生态补偿资金的剥夺。

地位平等要求利益享有上的公平。对外，受益者的生态补偿资金应与脱贫地区提供的生态产品价值相当，以实现利益衡平。对内，脱贫地区生态产品提供者之间也应公平获得补偿，以弥补他们对生态保护做出的贡献。

4. 脱贫地区生态综合补偿转移支付追求效率价值。效率即是以较小的投入获得更大的利益，是一切经济活动的应有价值。生态补偿转移支付是一种经济行为，当然追求效率。最初的效率追求是提高自然资源管理效率，缓解相对贫困和促进公平仅是生态补偿的副效应。但实际上脱贫地区生态综合补偿难以绕过缓解相对贫困和公平价值的考虑，生态综合补偿的实施主体是地方政府，在责任政府理论流行背景下，要使其对公共权力的行使符合人民的意志和利益，脱贫地区生态补偿经常需要同时实现生态保护、缓解相对贫困和公平保证等多重目标。

脱贫地区生态综合补偿转移支付要现实生态保护和缓解相对贫困"双赢"的整体性效益,一方面需要地方政府发挥主动性,创新资金使用方式,使转移支付资金得到合理的最优配置;另一方面还需要积极引入市场机制,引导社会资本积极参与生态补偿。正如通常所讲的,向管理要效率,向市场要效率。然而,长久以来转移支付被定位为"输血型"生态补偿方式,其最大的功能缺陷是受补偿地区生态保护的热情持续性取决于外在转移支付资金的多少与时长,缺乏内生原动力和支撑力,不具备"造血"功能。如果"转移支付数额是完全外生给定的,不与地方政府的行为努力挂钩,那么这种转移支付并不会对地方政府行为产生激励效应"〔1〕。以至于很多脱贫地区生态支出压力大,绿色产业仍处于培育阶段,尚未产生规模效应,对财政贡献有限,难以惠及全民;市场化、多元化投入补偿机制尚未形成,生态产品的价值仍未得到有效实现。因此,围绕提高脱贫地区生态综合补偿转移支付的效益,就需要培育脱贫地区作为生态综合补偿主体的主动性和积极性,自主确定重点任务,在生态补偿投入、激励、管理等方面实现机制创新。

5. 脱贫地区生态综合补偿转移支付追求人权保障价值。人的财产权利和发展权都是人权的重要组成部分。发展权是个体(如个人)或集体(如国家或民族)享有的参与和促进经济、社会、文化和政治全面发展并享受发展成果的权利。〔2〕发展权关注发展机会均等和发展利益共享。脱贫地区生态综合补偿转移支付应追求人权保障价值,符合生态综合补偿的内涵。国家发改委印发的《生态综合补偿试点方案》要求转变生态保护地区的发展方式,增强自我发展能力,提升优质生态产品的供给能力。出于脱贫攻坚的艰巨任务和经济增长的现实需求,脱贫地区在环境权和发展权关系上经常处于失衡的状态,更倾向于经济发展而较忽视环境保

---

〔1〕 马光荣等:《财政转移支付结构与地区经济增长》,载《中国社会科学》2016 年第 9 期。

〔2〕 参见张守文:《经济发展权的经济法思考》,载《现代法学》2012 年第 2 期。

护。国家提出的生态综合补偿政策，其作用就在于直接平衡环境与发展的关系，协调二者的矛盾。[1]允许脱贫地区将生态补偿转移支付资金综合利用，赋权脱贫地区较为自主地进行资源配置，把生态空间与产业结构、生产方式、生活方式进行整体布局，将生态环境保护融入经济社会发展之中，有利于实现环境权与发展权的衡平。脱贫地区不仅要追求发展权，更应该注重的是可持续的自我发展权。自我发展权作为经济发展权的一种，是市场主体通过自己的行为来实现个体自我完善和自我发展的权利，[2]注重自我的努力与发展。可持续的自我发展权要求自我发展权的实现过程中考虑生态环境因素，改变过去一味重视发展速度而忽略发展质量的发展模式，寻求考虑生态环境代价的经济增长模式。自我发展权的实现是一个积累的过程，市场主体特别是脱贫地区在自身条件较弱的情况下，需要依靠国家的相关政策来促成其实现。

6. 脱贫地区生态综合补偿转移支付追求民主价值。脱贫地区生态综合补偿转移支付关系到所有利益相关者的利益，因此利益相关者应以主人翁的身份参与生态综合补偿的民主决策、民主管理和民主监督。脱贫地区生态综合补偿转移支付的民主价值，需要保障生态保护者的知情权、参与权和监督权，通过人大对预算的审查机制，监督生态综合补偿自主权的实施，通过生态综合补偿信息公开公示制度，保障民众的知情权、参与权。生态补偿转移支付资金的分配、划拨、使用和监督，都应公开、透明，保证程序正义。

总之，脱贫地区生态综合补偿转移支付的价值目标是多元的，其最根本的价值目标是民生价值，即保障脱贫地区人民群众民生。为了根本价值目标的实现，脱贫地区生态综合补偿转移支付追求正义、平等、公平、效率、人权、民主等多方面的价值。脱贫地区生态综合补偿转移支付价值目标具有一致性，但有时候也有矛盾，如公平与效率、民主与效

---

〔1〕 参见吕忠梅：《论生态文明建设的综合决策法律机制》，载《中国法学》2014 年第 3 期。

〔2〕 参见张守文：《经济发展权的经济法思考》，载《现代法学》2012 年第 2 期。

率就会有矛盾。例如，为了追求脱贫地区生态补偿整体性效益的效率价值，地区对补偿资金分配就有一定考虑，地区内某些生态产品价值的提供者可能会失去补偿机会或补偿资金不足，这就有违平等、公平价值。强调脱贫地区生态综合补偿转移支付的民主价值，事事都要经民主讨论、公众参与，就难以提高决策效率。因此，需要对脱贫地区生态综合补偿转移支付诸价值目标的矛盾加以协调，兼顾诸价值目标，实现根本价值目标。这就需要将脱贫地区生态综合补偿转移支付的价值目标法律化，通过法律制度确认和贯彻这些价值目标，并协调其矛盾，兼顾各项价值目标的实现。

（二）脱贫地区生态综合补偿转移支付法律制度的价值目标

法律价值是法律对一定主体正当社会需要的满足。[1]脱贫地区生态综合补偿转移支付法律制度是法律制度的重要组成部分，应当具有法律的一般价值，比如法律的秩序价值、生存价值、安全价值、效益价值、公平价值、正义价值以及自由价值、平等价值、人权价值、民主价值、法治价值、文明价值等。[2]只不过脱贫地区生态综合补偿转移支付法律制度的价值目标是法的一般价值在脱贫地区生态综合补偿转移支付领域的特定反映，其特定性来自脱贫地区生态综合补偿转移支付的价值目标对法律的特定要求，也就是说依据脱贫地区生态综合补偿转移支付的价值目标确定脱贫地区生态综合补偿转移支付的法律制度的价值目标。把脱贫地区生态综合补偿转移支付的价值目标上升为法律制度的价值目标具有重要的意义。一方面，它表明经济对法律的决定作用，二者具有内在的一致性，从而使有关脱贫地区生态综合补偿转移支付的法律制度能够反映脱贫地区生态综合补偿转移支付的实现要求；另一方面，脱贫地区生态综合补偿转移支付涉及多主体的利益，且各项价值目标相互之间也有矛盾，会发生冲突，这些都需要法律的规范和协调。只有把脱贫地

---

〔1〕　参见韩松：《农村集体经济法律制度的价值目标和功能定位》，载《西北农林科技大学学报（社会科学版）》2014年第3期。

〔2〕　参见葛洪义主编：《法理学》，中国政法大学出版社2002年版，第46页。

区生态综合补偿转移支付的价值目标变为脱贫地区生态综合补偿转移支付法律制度的价值目标，才能依靠法制的规范和保障作用化解矛盾，促进整体性效益的实现。由此，决定了脱贫地区生态综合补偿转移支付的法律制度具有如下主要价值目标：

1. 民生价值。脱贫地区生态综合补偿转移支付法律制度的民生价值就是满足脱贫地区利用生态综合补偿转移支付保障其区域内居民生存和生活的需求。现有相关法律制度主要见于一些生态补偿单行法规，如《林业草原生态保护恢复资金管理办法》要求各省在分配林业草原生态保护恢复资金时，依照各地实际情况，向革命老区、民族地区、边疆地区和脱贫地区倾斜。林业草原生态保护恢复资金主要安排用于国家公园及其他自然保护地、国家重点野生动植物保护、森林保护修复、生态护林员支出等方面的共同财政事权转移支付资金。其中生态护林员支出主要用于脱贫地区脱贫人口受聘开展森林、草原、湿地、沙化土地等资源管护人员的劳务报酬。此外，《中华人民共和国预算法》（以下简称《预算法》）第16条第1款规定："财政转移支付应当规范、公平、公开，以推进地区间基本公共服务均等化为主要目标。"依据这些法律法规，脱贫人口基本生活有保障，脱贫地区有更为有利的条件为区域内居民提供生产和生活条件，实现民生保障。

2. 效益价值。脱贫地区生态综合补偿转移支付法律制度的效益价值就是要满足生态保护和缓解相对贫困"双赢"的整体性效益的需要。其价值目标包括两方面：一是要保障脱贫地区能自主、灵活地实施生态综合补偿，以最小投入获得最大整体性效益；二是要保障生态综合补偿获得的生态效益能转化为惠及全民的经济社会效益，提高区域内居民的公共福利。为此，脱贫地区生态综合补偿转移支付法律制度，需要为脱贫地区生态综合补偿提供适当的主体制度、财政权力（利）制度、绿色利益分享制度和监督约束制度。通过法律制度明确脱贫地区在生态综合补偿转移支付中的法律主体地位，夯实基础性财权，以促进生态补偿和绿色发展为导向，建立绿色项目库，引导社会资本积极参与，实现绿色利益惠益分享机制，同时严格管理考核、防范风险，以获得更大的效益。

3. 平等和公平价值。脱贫地区生态综合补偿转移支付法律制度的平等和公平价值就是要保障脱贫地区在纵横向生态补偿转移支付中地位平等，平等地享有权利履行义务；保障脱贫地区内的生态产品提供者地位平等、公平获得生态补偿转移支付补偿资金。

4. 正义价值。法律的正义价值就是以一定社会的主流正义观念（如安全、秩序、自由、平等、文明、公共福利等），规范相关主体的权利义务（或权责）关系并保障其实现。"正义在赋予人的自由、平等和安全时应当最大程度上与共同福利相一致"。[1]脱贫地区生态综合补偿转移支付法律制度确认脱贫地区在生态综合补偿转移支付中的主体地位，通过法律强制力保障其权利义务的实现，同时公平分配生态补偿资金，促进地区发展缓解相对贫困保障公共福利，就是法律的正义价值在脱贫地区生态综合补偿转移支付法律制度上的体现。

5. 人权保障价值。脱贫地区生态综合补偿转移支付法律制度的人权保障价值主要是满足脱贫地区实现发展权的需要。就是要保障脱贫地区发展的需要，发展不仅包括生态保护的发展，也包括经济社会发展。要方便脱贫地区兼顾生态保护和经济社会发展，生态补偿转移支付要给予脱贫地区在追求和实现其发展权利的路径与方式上的特别处理。补偿资金如何利用，重点领域是什么，由脱贫地区根据"事实"因素来决定，即保障脱贫地区相应的生态综合补偿自主权。

6. 自由和民主价值。脱贫地区生态综合补偿转移支付法律制度的自由价值就是促进脱贫地区生态综合补偿的自由发展，使脱贫地区能自主决定生态补偿的相关事务，减少上级政府不当干预和过度限制，保障其生态综合补偿自主权。脱贫地区生态综合补偿转移支付法律制度的民主价值就是落实脱贫地区生态补偿利益相关者的民主权利，使利益相关者

---

〔1〕　参见［美］E. 博登海默：《法理学——法律哲学与法律方法》，邓正来译，中国政法大学出版社1998年版，第299页。

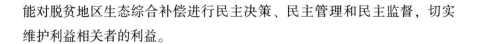

能对脱贫地区生态综合补偿进行民主决策、民主管理和民主监督，切实维护利益相关者的利益。

二、中国脱贫地区生态综合补偿转移支付法律制度的功能定位

法的功能是法所固有的可能对社会生活发生影响的功用和性能，[1]是通过立法设计的法律对社会生活发挥的积极作用。法律功能定位的正确与否决定着法律作用的发挥，而法律功能以法律价值为目的，服务于法律价值，是法律价值得以实现的手段和工具。[2]因此，脱贫地区生态综合补偿转移支付法律制度的功能定位是以其价值目标为指导的，是实现其价值目标的手段和工具。法的功能是稳定的，一般都具有指引、评价、预测等功能，脱贫地区生态综合补偿转移支付法律制度的指引、评价、预测等功能主要体现为以下几方面：

1. 脱贫地区生态综合补偿转移支付法律制度的指引功能。

脱贫地区生态综合补偿转移支付法律制度的指引功能主要指立法设计的脱贫地区生态综合补偿转移支付法律制度能指引人们有效实施脱贫地区生态综合补偿转移支付，即通过授权性规范告诉人们什么是脱贫地区生态综合补偿转移支付，通过转移支付如何实现脱贫地区生态综合补偿，告诉利益相关者在脱贫地区生态综合补偿转移支付中如何行为，享有什么权利，应尽什么义务，以及违背禁止性规定的法律后果。

脱贫地区生态综合补偿转移支付法律制度的指引功能是以其价值目标为依据，即脱贫地区生态综合补偿转移支付法律制度的民生价值、效率价值、公平价值、平等价值、自由价值、民主价值、正义价值、人权价值。例如，明确脱贫地区生态综合补偿转移支付的法律内涵，就是要明确其保障民生的本质特征；脱贫地区生态综合补偿转移支付权利义务

---

〔1〕 参见周旺生：《法的功能和法的作用辨异》，载《政法论坛》2006 第 5 期。

〔2〕 参见葛洪义主编：《法理学》，中国政法大学出版社 2002 版，第 43 页。

的设定都是以上述价值为基础的。

2. 脱贫地区生态综合补偿转移支付法律制度的评价功能。

脱贫地区生态综合补偿转移支付法律制度的评价功能主要是依据脱贫地区生态综合补偿转移支付相关法律规定，能对脱贫地区生态综合补偿转移支付具体行为的合法性和非法性进行评价。合法的行为受到法律的保护，非法行为受到法律否定和制裁。例如，依据法律规定的程序给以特定脱贫地区生态补偿转移支付，就是合法行为，受法律保护；未按规定给以脱贫地区生态补偿转移支付资金、将生态补偿转移支付资金用于新建楼堂馆所和超标准装修办公用房等，就是法律所禁止的，应受到法律的制裁。

3. 脱贫地区生态综合补偿转移支付法律制度的预测功能。

脱贫地区生态综合补偿转移支付法律制度的预测功能是指利益相关者可以根据脱贫地区生态综合补偿转移支付法律规定，预先知道应该怎样行为以及行为的后果，从而对自己的行为做出合理的安排。例如，脱贫地区的上级政府可以根据法律预测给予脱贫地区多大比例的倾斜补偿资金；脱贫地区可以预测将生态补偿资金用于哪些领域，既能实现自身利益又不违背法律规定。

三、中国脱贫地区生态综合补偿转移支付法律制度的完善路径

转移支付作为生态补偿的主要方式，自实施以来效果显著，特别是在扶贫方面有明显成效。2016 年以来，全国已累计安排中央和地方财政资金 167 亿元，在脱贫地区选聘 100 万建档立卡贫困人口担任生态护林员，至 2019 年 9 月，已完成《生态扶贫工作方案》中 90% 以上任务。[1]2020 年是消除绝对贫困，但我国的相对贫困仍将长期存在，而且即使是

---

〔1〕 参见《国家林草局：生态扶贫任务已完成90%以上》，载 http://www. gov. cn/xinwen/2019-09/27/content_ 5434287. htm，最后访问日期：2022 年 10 月 6 日。

那些已经脱贫摘帽的贫困县，因为资源禀赋较差或处于生态脆弱区，与全国其他地区之间的差距依然明显。[1]生态建设是一个永恒的主题，对于那些脱贫摘帽的"相对贫困区域"仍有必要进行生态补偿转移支付倾斜性投入，推动其绿色发展，增强自我发展能力。长远来看，其生态综合补偿转移支付需要法制化建设以提供长效机制。

（一）理念——以实现可持续发展权为核心

构建脱贫地区生态综合补偿转移支付法制体系的常见思路是完善相关立法，如曹忠祥认为应全面建立脱贫地区生态综合补偿法制化体系，同时整合脱贫地区生态补偿的各项政策和项目资金，建立脱贫地区生态补偿国家专项资金。[2]郑雪梅认为横向生态补偿转移支付应通过完善中央和地方生态补偿立法，加强"硬约束"提高谈判效率。[3]倪志龙认为应该制定和完善"财政转移支付法"和《预算法》等，对主体功能区转移支付加以规范。[4]诚然，加强脱贫地区生态综合补偿转移支付法制化建设是非常重要的，但如果单一强调立法的作用，可能形成"形式法治"，没有回应脱贫地区生态补偿的现实问题，从而难以阐释脱贫地区生态综合补偿转移支付法治的真谛。

如前文所述，脱贫地区生态综合补偿转移支付相关法律的制定与完善更多的是国家立法机关的单方面权力行使，虽然也考虑地方的利益，但在扶贫特定的政治背景下立法机关不可避免地具有国家政治控制的趋势。脱贫地区生态综合补偿转移支付法制化恰恰要避免政治权力控制的

---

〔1〕 参见叶兴庆、殷浩栋：《从消除绝对贫困到缓解相对贫困：中国减贫历程与2020年后的减贫战略》，载《改革》2019年第12期。

〔2〕 参见曹忠祥：《贫困地区生态综合补偿的总体设想》，载《中国发展观察》2017年第22期。

〔3〕 参见郑雪梅：《生态补偿横向转移支付制度探讨》，载《地方财政研究》2017年第8期。

〔4〕 参见倪志龙：《主体功能区建设中的财政转移支付法律制度研究》，载《经济法论坛》2009年第0期。

模糊性，从生态补偿转移支付制度本身来探寻有利于贫困缓解的规则设计。一般情况下，生态补偿转移支付的正当性基于环境资源价值理论、公共物品理论、正外部性理论和可持续发展观。此观念下，生态补偿转移支付更重视生态要素功能补偿，而忽视"地区"利益。以"区域"为考量尺度，学者提出了基于土地用途管制的行政补偿、土地发展权及特别牺牲理论作为重点生态功能区生态补偿转移支付的正当性依据。[1]这种观点视角新颖，为区域生态补偿转移支付的法治理念研究提供了新的思路。但以上诸多观点都是从责任分配的视角来看待脱贫地区生态补偿转移支付。

然而，从该制度构建的正当性和可行性视角来看，均应从权利视角而非责任分配视角来设计脱贫地区生态补偿转移支付制度。保障脱贫地区可持续发展权是脱贫地区生态综合补偿转移支付制度构建的正当性基础。生态综合补偿以地区为主体，追求生态保护与经济社会发展整体性目标，转移支付是实现生态综合补偿的一种具体方式，应服务于这一整体性目标。保障脱贫地区可持续发展权（绿化的发展权）正是体现了这种整体性思维，注重培育地区的自我发展能力，"突破发展就是'经济增长'的单一思路，易形成环境与发展综合决策的新理念"，[2]实现由"输血式"补偿向"造血式"补偿转变。也与民生、效率、公平、平等、自由、民主、正义、人权等价值相统一。可持续发展权要求脱贫地区有资格、有能力去实现生态补偿整体利益，应有生态补偿转移支付资金的请求权以及生态综合补偿自主权等。

转移支付从财力向财权重视的转变为权利化的脱贫地区生态综合补偿转移支付法制构建提供了可行性。财政转移支付制度从诞生之初就与地方分权有着千丝万缕的联系，现有研究表明转移支付应实现人权保障

---

〔1〕　参见任世丹：《重点生态功能区生态补偿正当性理论新探》，载《中国地质大学学报（社会科学版）》2014年第1期。

〔2〕　参见吕忠梅：《中国生态法治建设的路线图》，载《中国社会科学》2013年第5期。

（于地方而言，保障地方发展权），[1]财政转移支付制度关注的重点逐渐从财力向财权过渡，趋向于地方拥有财政收入、财政管理和财政支出等方面的自主权，只有财权得到合理的配置，转移支付的功能才能归位，[2]于实践看，地方也已经拥有了一定的财政自主权，如不违背法律强制性规定的资源资产收入权，《预算法》要求转移支付资金提前下达并列入地方财政预算一定程度上保障了地方财政自主权。据此，脱贫地区享有生态补偿转移支付资金的请求权以及生态综合补偿自主权具有可行性。

因此，脱贫地区生态综合补偿转移支付法制化的核心应是权利化的脱贫地区生态综合补偿转移支付，明确权责清晰的生态补偿主体，使补偿主体和被补偿主体（脱贫地区）处于对等地位，而不能成为其他地区对脱贫地区的同情或施舍。

（二）从财力到财权转变，建立解决相对贫困的长效机制

本书的核心理论支撑是脱贫地区生态补偿转移支付法制构建要有利于脱贫地区生态综合补偿自主权的实现，建立利用生态补偿解决相对贫困的长效机制，保障脱贫地区可持续发展。因此，脱贫地区生态补偿转移支付主体的权利配置也围绕这一主旨进行。

1. 脱贫地区生态综合补偿自主权所需要的财政制度条件。

"凡具体之力均有特定的大小、方向和作用点三要素"[3]，脱贫地区生态综合补偿自主权的关键要素可归纳为：生态补偿资金统筹整合自主权的大小、生态补偿资金来源与支出结构以及生态综合补偿权所要实现的目标。自主权不能过小，否则难以实现生态改善和缓解相对贫困"双赢"的目标；也不能过大，否则易造成权力资源浪费，偏离设立初衷。要实现脱贫地区生态综合补偿自主权，所需要的制度条件如下：

---

〔1〕 参见夏冬泓：《财政转移支付结构调整困境及其人权再定位》，载《法学杂志》2018年第2期。

〔2〕 参见熊伟：《分税制模式下地方财政自主权研究》，载《政法论丛》2019年第1期。

〔3〕 漆多俊：《论权力》，载《法学研究》2001年第1期。

（1）保证脱贫地区生态补偿资金覆盖全面，且规模逐步加大。

（2）脱贫地区有权规划本区域内生态补偿资金支出结构。

（3）脱贫地区应该有权统筹不同类型、不同级别来源的生态补偿资金。

（4）有明确的目标，警惕将提供生态系统服务的目标从属于减贫的目标现象出现。

最能接近这些条件的制度结构是建立专门的脱贫地区生态综合补偿转移支付法律制度。而且上述四方面意思恰恰是脱贫地区生态综合补偿转移支付法律制度需要体现出来的。脱贫地区生态综合补偿转移支付法制是一种在生态保护与经济社会发展之间寻求法律平衡点的规范制度，是脱贫地区生态综合补偿资金来源与支出的法定依据。只有生态补偿资金满足脱贫地区期待，并且在资金利用方面享有一定的自主权，才能实现这一规范功能。

2. 脱贫地区生态综合补偿转移支付法制完善重点应从财力向财权转变。

一直以来，脱贫地区生态综合补偿转移支付立法致力于满足补偿资金财力增长的需求。中央层面补偿向脱贫地区模糊倾斜，地方层面补偿资金或模糊或明确的倾斜，重点解决脱贫地区生态建设资金不足的问题，而不是增强其生态建设资金的财政自主性。不能否认，补偿资金的规模、数量是衡量脱贫地区生态综合补偿自主权的重要指标。脱贫地区所处的地理位置、生态功能定位不同，所获得的补偿资金数量可能差异较大，但转移支付效果方面未呈现明显的差异。可见，生态综合补偿转移支付资金的增长只是外在性的调节手段，没有完全实现转移支付的功能。脱贫地区生态综合补偿转移支付不仅应考虑公平，还应兼顾效率，增加补偿资金的同时实现生态保护与经济社会发展的"双赢"。这需要基础性安排，例如增加可以统筹安排的生态补偿一般性转移支付，设立专项生态综合补偿转移支付资金，其他环境单要素专项转移支付结合奖惩机制，增强支出的灵活性等。归根结底，需要在脱贫地区生态补偿资金财权上下功夫，形成有利于生态保护与促进经济社会发展"双赢"的长效机制。

如前文所述，生态综合补偿自主权涉及资金统筹整合权和项目分配规划权等，就脱贫县市而言，应享有生态综合补偿转移支付请求权，生态综合补偿转移支付申请复核权、支付标准调整权、支出结构决定权等，主要契合了财政上的预算自主权。脱贫地区生态综合补偿转移支付法制如何来保障这一自主权呢？

脱贫地区生态综合补偿预算自主权要求脱贫县市的生态综合补偿预算编制能够独立。拥有生态综合补偿预算自主权，意味着脱贫县市可以编制生态综合补偿预算，根据生态综合补偿精神安排资金；也意味着脱贫县市人大可以审查和批准预算，当然也可以否决或要求修改预算；还意味着脱贫县市可以自主执行预算方案，并通过监督机制保障生态综合补偿目标实现。

脱贫地区生态综合补偿预算自主权的前提是其收入的可预期性。生态综合补偿资金的不稳定不利于脱贫地区实现生态综合补偿预算自主权，上级政府根据特定情况分配的专项资金可能妨碍地方预算，除非这些专项资金在预算年度之前已经确定。这个"除非"就需要转移支付的法定性来实现。通过相关转移支付立法来确定脱贫地区生态综合补偿转移支付的种类、标准或计算公式，来保证资金的可预期而非模糊性的倾斜。

生态综合补偿资金预算自主权不仅要求资金来源的可预期性，也要求资金的支出方面也具有稳定性和可预期性，脱贫地区有权根据自身的实际情况或优先次序决定补偿资金的支出结构。一般而言，生态综合补偿资金支出方面的自主权与生态综合补偿转移支付结构或比例密切相关。最初，国家主要通过专项转移支付来引导生态补偿资金的使用方向，地方对生态综合补偿专项转移支付资金的严重依赖影响了地区生态保护的整体性效益。国家不得不通过均衡性的生态综合补偿转移支付来引导地方将生态综合补偿资金转向本地生态建设所需要或渴望的领域来。如重点生态功能区等一般性转移支付，还有 2020 年国家发改委安排的重点林区经济转型资金也属于生态综合补偿专项资金等，均衡性生态综合补偿转移支付有利于支出自主权配置，可以适当提高其在生态综合补偿转移支付结构中的比例，同时将更多的脱贫地区纳入国家重点生态功能区或省级重点生态功能区范围，补充财力的同时扩大生态综合补偿自主权。

而生态综合补偿专项转移支付是脱贫地区环境要素建设财力的重要补充，应坚持实施。如何在保障财力的同时，加强基础性的权益配置是后续思考方向。首先，应在法律上承认生态综合补偿领域中央对地方控制权的合法性，保障中央政府及其相关部门的利益；其次，可以在原渠道下发的情况下，将确定生态综合补偿标准的权力下放，允许地方向脱贫地区倾斜，或建立奖惩结合的生态综合补偿制度。当然，这种权力下放需要合法化并遵循合宪性，消除法律规范与现实的冲突；最后，中央权力下放的制度下，并行地方生态综合补偿自主权的分权格局，培育地方生态综合补偿专门机构。这一思路的优点是，不对现有体制进行大变动的情况下，使法律规范与生态综合补偿的实践相契合，也展现了相关立法对脱贫解困现实需求的妥协。

（三）实行阶段性分权，落实生态综合补偿

致力于"理财治国"整体功效，现代财税法的新功能之一包括规范理财行为，重点是厘清中央与地方、立法与行政等主体间的关系，财税法主体关系从冰冷、单向的对抗转变为协调合作。[1]脱贫地区生态综合补偿转移支付法律制度具有财税法的一般属性，要实现生态保护与促进经济社会发展"双赢"的整体功效，需要正确处理生态综合补偿领域中央与地方、省级政府与下级政府，地方与地方（横向补偿）等主体之间的关系，形成相互协调合作的关系网。

1. 实行阶段性分权的必要性。

实行阶段性分权，就是要厘清脱贫地区生态补偿转移支付中相关主体的权利和义务，实质就是明确支付主体如中央政府、省级人民政府、

---

〔1〕　参见刘剑文：《财税法功能的定位及其当代变迁》，载《中国法学》2015 年第 4 期。

其他横向补偿地方政府的权利义务，同时赋予接受主体如各地地方政府（包括脱贫地区甚至乡镇政府）生态综合补偿的自主权。

赋予脱贫地区生态综合补偿自主权与现行的脱贫地区生态综合补偿转移支付过程与结构不相冲突。生态综合补偿自主权主要是地方政府在生态综合补偿资金落实方面的权力。生态综合补偿转移支付至少应包括资金分配—资金执行—资金监管三阶段。契合生态综合补偿自主权的脱贫地区生态综合补偿转移支付主要可以分为两个阶段，即"自上而下"的输血补偿机制和"自下而上"的造血补偿机制。第一阶段，生态综合补偿资金按原渠道下发，中央政府主要依靠一般性转移支付和专项转移支付两种方式，使脱贫政治控制和生态资源配置保持一致，保障生态补偿资金的数量与规模（"自上而下"的机制）；第二阶段，执行和监管阶段进行分权，支付主体注重补偿资金管理职权的下放，省、市、县等接受主体对生态补偿资金规划、使用和监管享有不同程度财政自主权力（"自下而上"的机制）。

脱贫地区生态综合补偿转移支付阶段性分权有利于利益相关者的利益表达与目标实现。完善生态综合补偿转移支付制度，学者大多认为，应划分环境保护领域中央与地方事权和支出责任，地方事务地方更有发言权，生态综合补偿转移支付应多适用一般性转移支付，减少专项转移支付。[1]这一方案固然有其可取性，一般性生态综合补偿转移支付有利于资金的整合与统筹安排。但是具体的操作难免有不同意见，减少专项转移支付还能保证以前数量的生态综合补偿资金吗？一般性生态综合补偿转移支付标准如何确定，特别是针对不同生态资源禀赋、贫困程度不一的脱贫地区而言，似乎反而呈现了"一刀切"的现象，补偿资金难以满足脱贫地区因差异化生态建设努力而生的期待。脱贫地区生态综合补偿转移支付阶段性分权并不否定专项转移支付，只是尽量减少对资金使

---

[1] 参见苏明、刘军民：《创新生态补偿财政转移支付的甘肃模式》，载《环境经济》2013 年第 7 期。

用自主权的限制，相关主体间（中央与地方、地方与地方间）关系由单向的施予与接受，转变为相关主体借助理性的协商合作机制而进行的双赢沟通，由"输血型"补偿转变为清除发展障碍和提供发展条件的助推型援助，既维护了相关支付主体的"特定目的"，也使脱贫地区利益得以表达与实现。

脱贫地区生态综合补偿转移支付阶段性分权与分权式扶贫相契合。分权式扶贫主要指基层贫困社区自主进行开发规划，充分发挥贫困人口在扶贫项目的选择、设计和实施中的积极性和主体作用，致力于提高扶贫项目的精准度和运行效率。[1]现阶段，脱贫地区生态综合补偿转移支付法制建设的重要目标是生态保护与缓解相对贫困"双赢"，即转移性收入要有"亲贫效果"，真正流向相对贫困人口。让脱贫县市具备转移支付资金使用自主权，并且延伸至乡镇、村，有利于贫困瞄准，提高资金使用效率。如《苏州市生态补偿资金管理办法》（2020年）就规定，在落实好生态保护责任的前提下，补偿资金可作为村级可用财力，由村民大会或村民代表会议决定补偿资金使用方案。贫困村通过民主程序确定的生态补偿资金使用方案有望惠及真正贫困人口。

2. 树立地方政府生态综合补偿转移支付法律主体地位。

不管是纵向生态补偿转移支付还是横向生态补偿转移支付，地方政府都是其必要的参与主体。若要将脱贫地区生态综合补偿转移支付纳入法制化的轨道，就必须在法律制度上塑造权责明确的地方政府（包括脱贫地区政府）。

地方政府作为生态补偿的独立主体，在四个方面被论及。一是在厘清中央政府和地方政府生态补偿职责上，如王清军教授认为，地方政府在地方经济社会发展和环境保护中起到至关重要的作用，地方政府依法应

〔1〕See Albert Park, Sangui Wang, "Community-based development and poverty alleviation: An evaluation of China's poor village investment program", *Journal of Public Economics*, Vol. 94, No. 9-10., 2010, pp. 790-799.

成为独立的生态补偿主体；[1]二是在流域等横向生态补偿中，地方政府应为生态补偿主体，如李爱年教授等认为应从权利视角认识地方政府在流域等横向生态补偿中的主体地位；[2]三是地方政府作为生态补偿的实施主体，如史玉成教授认为生态补偿主体包括补偿主体、受偿主体、实施主体，生态补偿的复杂性使生态补偿主体难以对生态受损主体直接补偿，而生态补偿的最佳实施主体只能是政府；[3]四是地方政府是区域生态补偿的当然主体，如潘佳教授认为政府往往是区域利益的代表，区域生态补偿的利益边界往往和行政边界重合，作为平衡区域利益的区域生态补偿，各级政府成为当然主体。[4]从学者的论述来看，地方政府作为生态补偿主体得到很大程度上的认可。

生态补偿领域，地方政府独立的法律主体地位是缺乏保障的。现实来看，中央与地方生态补偿事权划分不清，地方政府责任边界不清，缺乏生态补偿事权的激励约束机制。在区域、流域等横向生态补偿上更是缺乏制度性的约束，发达地区对落后地区、针对特大自然灾难的对口支援等多以行政命令方式开展，地方政府因区域产权边界的存在以及更突出的经济主体身份（区域用公共财政收入为本地区提供公共服务），而淡化了流域生态补偿主体身份。

上述现实状况可以从相关立法上找到原因。《环境保护法》第31条规定，国家建立、健全生态保护补偿制度。国家加大对生态保护地区的财政转移支付力度。有关地方人民政府应当落实生态保护补偿资金合理使用，确保其用于生态保护补偿。"落实生态补偿资金"正是对地方政府生态补偿执行主体的明确。执行主体地位使地方政府重在生态补偿政策

〔1〕 参见王清军：《生态补偿主体的法律建构》，载《中国人口·资源与环境》2009年第1期。

〔2〕 参见谢玲、李爱年：《责任分配抑或权利确认：流域生态补偿适用条件之辨析》，载《中国人口·资源与环境》2016年第10期。

〔3〕 参见史玉成：《生态补偿的理论蕴涵与制度安排》，载《法学家》2008年第4期。

〔4〕 参见潘佳：《区域生态补偿的主体及其权利义务关系——基于京津风沙源区的案例分析》，载《哈尔滨工业大学学报（社会科学版）》2014年第5期。

的上传下达，缺乏生态补偿的自主性和能动性。地方政府（包括脱贫地区）是否拥有独立的利益而需要在法律上予以关注呢？本书认为，答案是肯定的。地方通过生态保护提供稀缺的优质的生态产品，满足人民的需求，构成地方生态利益；地方通过生态补偿得以合理开发利用自然资源提升自我发展能力，带来经济发展，实际上是资源利益的外在表现。可见，地方拥有生态利益和资源利益相结合的整体性利益。

以基本权利的形态构建脱贫地区生态综合补偿转移支付法制体系，其基本前提是明确法律上权利义务的独立承担主体。缺少明确的承担主体，权利化的脱贫地区生态综合补偿转移支付是难以实现的。因此，在脱贫地区生态综合补偿转移支付关系中，塑造地方政府（脱贫地区）的法律主体地位是一项前提性要素。

3. 生态综合补偿转移支付法律主体的分权逻辑。

首先，中央政府通过生态综合补偿自主权的承认来推动生态综合补偿自主权的实现。主要依托中央层面生态补偿立法如"生态保护补偿条例"，对生态综合补偿自主权进行规范化。综合评估《中央对地方重点生态功能区转移支付办法》《中央对地方资源枯竭城市转移支付办法》《中央对地方均衡性转移支付办法》《林业草原改革发展资金管理办法》《林业草原生态保护恢复资金管理办法》等实施效果，考察脱贫县统筹整合使用财政涉农资金工作的成效与问题，结合实践需求，在对生态补偿标准确定的权力下放基础上，明确地方政府生态综合补偿自主权，推动地方政府建立奖惩结合的生态补偿制度。

其次，省级政府通过生态综合补偿自主权主体和省域内生态补偿转移支付主体两种身份发挥作用。在中央对脱贫地区生态综合补偿转移支付的过程中，省级政府起到承上启下的作用，作为生态综合补偿自主权的独立主体，主要可通过自主灵活立法，整合资金确定脱贫地区生态综合补偿转移支付资金发放奖惩规则，并确立监督考评机制。在省对下生态综合补偿转移支付过程中，省域范围内省级政府作为生态综合补偿转移支付的主体，应确立生态补偿转移支付向脱贫地区倾斜的基本原则，也应该在结合本省实际情况的基础上确认脱贫地区的覆盖范围（如生态移民后地区和相对脱贫地区等），为脱贫地区生态补偿相关权力运作提供合法化依据。学者建议"在省级财政层面将中央下达的及省本级的各类生态补偿专项资金整合，建立'纵向转移支付生态补偿专项资金'，用于生态提供区污染治理、生态保护与建设等"，[1]实际就是上述两种主体身份作用的综合发挥。通过省级政府作用的充分发挥，填补中央政府脱贫地区生态综合补偿转移支付中存在补偿范围影响、补偿标准差异性、补偿资金合力化等方面缺失。

再次，与脱贫地区形成横向生态综合补偿关系的地方政府通过协商内容的契约化来实现分权。横向生态综合补偿转移支付要促成脱贫地区生态综合补偿有更大的困难，基于区域利益考量，横向生态保护受益地区希望被补偿地区最大限度地进行生态保护，以实现自身的生态利益。要使横向生态综合补偿转移支付与脱贫地区生态综合补偿不相冲突，应辅以明确的目标责任机制。需要充分发挥契约的作用，将横向生态综合补偿资金的来源、使用、目标、责任、监督等问题，以合同的形式固定下来，使双方权利义务明确对等。

除了充分利用契约的约束作用外，还应增加经济的、行政的、科技的、法律等手段的运用，通过这些有效的因素去激励横向生态综合补偿转移支付的参与主体。[2]如一方面将转移支付资金的划拨与使用绩效挂钩，促使脱贫地区不断提升转移支付资金使用效率和生态产品提供能力；另一方面将横向生态综合补偿转移支付的实践程度、辐射范围、目标绩效等纳入双方的政绩考核中，以提高横向生态综合补偿转移支付的积极性。这个过程也就是各方利益衡平的过程，也是社会总福利提升的过程，应以实现社会总福利理念贯穿横向生态综合补偿。

---

〔1〕 参见郑雪梅：《生态补偿横向转移支付制度探讨》，载《地方财政研究》2017年第8期。

〔2〕 参见单云慧：《新时代生态补偿横向转移支付制度化发展研究——以卡尔多−希克斯改进理论为分析进路》，载《经济问题》2021年第2期。

最后，脱贫县市也应从生态补偿一般化的政府主体或生态补偿实施主体身份中摆脱出来，成为生态综合补偿自主权的独立主体。加强自身顶层设计，制定脱贫地区生态综合补偿规范性文件，建立覆盖补偿资金预算、使用、分配全过程的规范化管理机制。积极争取省级环境保护和生态文明建设专项资金、流域生态补偿资金、农业资源与生态保护资金、林业补助专项资金、水利专项资金、美丽宜居试点县建设和村庄环境长效管护财政补助资金等，每年按年初地方一般公共预算收入预期增量的一定比例增加生态保护补偿资金规模。归并整合与生态环保相关的转移支付资金，设立综合性生态保护补偿专项资金，并建立相应的预算、拨付和使用机制。制定本县市综合性生态保护补偿专项资金使用管理办法，将生态保护补偿专项资金安排与生态补偿整体性效益指标考核结果挂钩，采用先预拨后清算的方式，实现奖优罚劣，体现正向激励。对生态补偿整体性效益明显改善的乡镇，加大转移支付资金补助力度；对生态补偿整体性效益恶化的乡镇，扣减转移支付资金。对于乡镇级生态保护补偿资金，列入乡镇预算编制程序一并向镇人大报告和审定。对资金使用绩效突出的乡镇，探索实行定向财力管理模式，赋予资金管理自主权。

总体而言，我国贫困地区已经全部脱贫摘帽，但相对贫困现象还将长期存在，这些地区仍有必要接受倾斜资助。生态综合补偿作为缓解相对贫困的一种新手段、新方式必将长期实施。脱贫地区生态综合补偿的重要方式——财政转移支付，其作用不言而喻。长效视角看，脱贫地区生态综合补偿转移支付法律制度建设，理念上应以实施脱贫地区可持续发展权为指导，具体运作过程中注重培育脱贫地区生态综合补偿自主权，对财力的关注转向财权的关注，通过阶段性分权，保障地方构建奖惩结合的生态综合补偿转移支付制度，既契合生态综合补偿自主权的权利向度，又充分展现生态综合补偿自主权的权力向度。

▷▷▷▷▷ ─────── ▶▶▶▶▶

第七章

中国脱贫地区生态综合补偿转移
支付的监督评价机制

自生态综合补偿转移支付制度实施以来，由于多种因素的制约与影响，我国脱贫地区生态综合补偿转移支付尚未充分实现科学化、规范化和程序化。实践中仍然存在脱贫地区生态综合补偿资金分配范围、标准不充分、使用不当，生态保护和缓解相对贫困"双赢"效果与人们的理想之间还有一定的差距。配合实现脱贫地区生态综合补偿自主权，脱贫地区生态综合补偿转移支付法制还应加强程序控权和完善监督考评机制。

一、建立有效的脱贫地区生态综合补偿转移支付控权监督机制

法律程序是人们进行法律行为所必须遵循的法定的时间与空间上的步骤与方式，正当的法律程序是权力制衡的重要机制，通过抑制、分工等功能对权力进行制衡。[1]脱贫地区生态综合补偿转移支付是在进行实体规范的同时遵循一定程序，是一种"实体性法律程序"，"实体性"主要体现为"授权法"性质，涉及权力（如能实施生态综合补偿的自主权）的授予，不可能入微入细，必然给地方政府保留充分的自由裁量空间，如脱贫地区补偿标准、资金使用的决策有一定的裁量权。作为相辅相成的"程序法"，脱贫地区生态综合补偿转移支付程序注重程序的时间、空间要素、

─────────────

〔1〕 参见张文显主编：《法理学》，法律出版社 1997 年版，第 390~394 页。

主体间"交涉"的制度化来实现权力控制，从而形成权力与权利的制衡。

（一）程序控制，立法保障

脱贫地区生态综合补偿转移支付程序控制主要包括对脱贫地区生态综合补偿转移支付决策程序（一般性转移支付和专项转移支付项目设定程序、补偿标准决定程序）、执行程序（脱贫地区生态综合补偿转移支付申请、审批及支付）和监督程序（有权机关的监督和社会公众的监督）的控制，通过明确的立法以及保障脱贫地区的程序权利来实现。

1. 完善中央和地方层面生态综合补偿转移支付立法是加强程序控制的前提。可以考虑分三步走：首先，在国家"生态保护补偿条例"中肯定生态补偿转移支付制度，为中央和地方层面生态综合补偿转移支付立法提供法律依据和原则性参考。2020 年 11 月 27 日，国家发展和改革委员会公开了《生态保护补偿条例（公开征求意见稿）》，其中第二章"国家财政补助机制"第 6 条第 2 款规定，"国务院财政、发展改革、自然资源、生态环境、水行政、住房和城乡建设、农业农村、林业和草原主管部门负责制定具体的生态保护补偿管理办法，综合考虑生态环境状况、生态保护目标、经济发展水平、财政承受能力、生态保护成本和生态保护成效等因素，依据自然资源调查监测、确权登记和资产清查统计，以及生态环境监测结果，确定中央财政的补偿范围、补偿标准、补偿水平、补偿对象和补偿方式等，建立补偿效果监督评估机制"[1]。这一规范将生态补偿转移支付纳入了法的规制范围，为生态综合补偿转移支付进行程序控制提供了明确的法律依据。不过，这一立法还有值得讨论的空间。从《生态保护补偿条例（公开征求意见稿）》内容来看，主要是规定了中央生态综合补偿转移支付资金的来源即财力保障问题，对地方层面生态综合补偿转移支付资金的使用缺乏规定。从程序的完整性考虑，

---

[1] 《关于〈生态保护补偿条例（公开征求意见稿）〉公开征求意见的公告》，载 https://hd. ndrc. gov. cn/yjzx/yjzx_ add. jsp? SiteId=350，最后访问日期：2020 年 12 月 12 日。

"生态补偿保护条例"还是应该对资金的使用、特别是财权方面作出原则性规定，使财权的享有规范化、程序化。如此，《生态补偿保护条例》兼具实体性和程序性，符合其作为生态补偿综合性立法的基本要求。其次，整合现有生态综合补偿专项转移支付立法，在此基础上形成"生态补偿专项转移支付办法"，与生态综合补偿一般性转移支付办法如《中央对地方重点生态功能区转移支付办法》相结合，在条件成熟的时候，结合横向转移支付制定"生态补偿转移支付办法"并配套出台"生态补偿转移支付实施条例"。将重点生态功能区转移支付、生态综合补偿专项转移支付、生态综合补偿横向转移支付以专章的方式纳入。这一立法步骤和模式，主要包括立法目的、基本原则、财政转移支付的支付主体和接受主体（考虑脱贫地区特殊性）、一般性转移支付、专项转移支付、横向转移支付、资金分配的原则、方式（如奖惩结合的分配方式）、资金的使用（如生态综合补偿使用的原则、范围、领域、限制等）监督管理、考核评价、法律责任等基本内容。通过该法将生态综合补偿转移支付活动纳入法的规制范围，对于脱贫地区生态补偿转移支付，则需要原则性规定脱贫地区生态综合补偿转移支付决策程序、执行程序和监督程序，充分突出程序的功能，科学严谨地规范脱贫地区生态综合补偿转移支付制度。最后，加强省级层面对脱贫地区生态综合补偿转移支付制度的规范。在拥有生态综合补偿自主权的前提下，结合国家层面立法，各省级政府应加强生态综合补偿转移支付的专门立法，统一规范生态综合补偿转移支付。现有立法如《广东省生态保护区财政补偿转移支付办法》（2019年）、《云南省生态功能区转移支付办法》（2018年）、《江苏省生态补偿转移支付暂行办法》（2013年）、《浙江省生态环保财力转移支付试行办法》（2008年）都是关于生态综合补偿一般性转移支付立法，还应加强专项转移支付和横向转移支付立法。脱贫地区生态综合补偿转移支付更为细致的立法应该在省级层面，具体包括补偿原则、脱贫地区范围、脱贫地区补偿资金计算标准（因素）、生态护林员的补助、资金的使用、适应脱贫地区的考核评价、奖惩机制等。程序细化使地方层面脱贫地区生态综合补偿转移支付立法更具现实性和操作性。

2. 加强脱贫地区的参与是脱贫地区生态综合补偿转移支付程序控制的重要原则之一。法律程序制度本身要求尽可能设计和提供利益相关者参与的机会，是程序权利的保障。现有相关立法多侧重支付主体的主导权和指挥权，对于接受主体的程序性权利则鲜有规定，从而形成权力与权利的失衡状态，可能导致腐败和违法。脱贫地区生态综合补偿转移支付程序的存在价值便是通过对权力的规范和控制来保障权利，从而实现权力与权利的均衡。脱贫地区作为生态补偿转移支付的接受者，其参与具体体现为生态补偿转移支付资金的申请权、要求被告知权、自主决定使用权、异议权、听证权、陈述权及申辩权等。脱贫地区可以考虑成立专门的生态综合补偿委员会，统一听取相关部门和公众的意见，并综合行使上述权利，最终形成生态综合补偿方案，通过法定形式予以公开，保障公众的知情权。

3. 横向生态综合补偿转移支付中的程序监督。横向生态综合补偿转移支付受生态补偿协议的约束。虽然同属协议，但公法上的协议与私法领域的协议有着本质不同。在公法上，协议行为属于公权力行使，必须有授权基础，并且在法律规范内运行。无论是生态补偿资金的提供方，还是资金的接受方，都必须受到预算程序的约束。在此方面，与纵向财政转移支付中的资金使用程序存在共性。

横向生态综合补偿协议主要涉及同级政府之间的合作，所以较为强调各个参与协议政府的协商问题。对于资金的使用与监督，不同地方之间的补偿协议中可以进行约定。从程序上，主要涉及：（1）协议签订程序。参与协议签订的主体充分协商，一方不可将意志凌驾于他方利益之上，在此意义上与民事协议的协商相同。（2）协议履行程序。在强调资金使用自主性基础上，也不可忽视对生态的保护，不能只是获得补偿而不进行生态保护。为此，可以约定资金提供方对接受方的监督问题。（3）协议变更程序。与协议签订一样，针对需要灵活调整的事项，也需要双方协商一致加以变更。（4）协议终止程序。除了双方协商一致终止以外，还可以事先约定终止的事由。在终止事由出现后，协议的法律效力终止。

在不同地方政府之间的生态补偿协议履行期间发生争议时的处理程序也非常关键。主要有两类解决程序：（1）协商程序。不同地方之间围绕生态补偿协议的履行产生争议，需要进行协商解决争议。在比较法上，《西班牙公共行政机关及其共同的行政程序法》第6条第3款规定："如成立负责监督和控制的联合机构，它应处理由协作协议引起的有关解释和履行方面的问题"[1]。（2）上级调解。此种协议并不适合通过诉讼机制进行解决。相比之下，在双方协商不成的情况下，有必要由共同的上级政府进行解决，是更为可取的选择，也有利于纠纷的实质解决。

横向生态综合补偿转移支付同样需要遵循财政法定的原则，加强法制化建设。如前文所述。可考虑在国家层面统一规范横向生态综合补偿转移支付，将生态综合补偿横向转移支付以专章的方式纳入"生态补偿转移支付办法"，不仅规范跨省的横向生态综合补偿转移支付，也为省内横向生态综合补偿转移支付提供法律依据。规范内容应从明确原则入手，强化形式、程序、计算公式、变动调整等方面权利义务设计。此外，监督机制的建立与执行；问责机制的厘定与明晰等，也是横向生态综合补偿转移支付法律制度中的重要内容，明确的法律约束有利于提高协商谈判的效率与实施效果。

（二）预算监督，多元参与

脱贫地区生态综合补偿转移支付要实现生态保护和缓解相对贫困"双赢"整体性效益，主要应加强预算编制、审批、执行程序中相关主体的参与监督。"预算法律关系不仅包含国家权力与国家权力之间的内部性预算权分配关系，还包括国家权力与社会权力之间的外部性预算权分配关系。"[2]除了构建预算诉讼制度外，通过人民代表大会监督行政机关

---

[1] 叶必丰：《区域合作协议的法律效力》，载《法学家》2014年第6期。
[2] 蒋悟真：《中国预算法实施的现实路径》，载《中国社会科学》2014年第9期。

的预算权力和公民个人或集体与预算权力主体的理性对话、协商沟通等是预算法实施的两条重要路径。[1]预算权的政治化和社会化监督机制形成合力，促进预算公开，强化生态补偿转移支付的透明度，在理论和实践维度都具有积极的价值。

1. 落实政治化路径，突显人大预算控制和监督的权威。现实来看，人民代表大会议期短、议题多，难以对预算草案进行实质性的审查。脱贫地区生态综合补偿转移支付资金要突显人大预算控制和监督的权威，可能需要从以下几方面加强探索：

第一，重视对生态综合补偿转移支付资金预算编制审查。脱贫县（市）人大针对本地生态环境的特色，重视对生态综合补偿转移支付资金的预算监督，探索建立提前介入生态综合补偿转移支付资金预算编制审查工作机制，组织人大代表、有关专家对本地区生态综合补偿项目预算编制实行同步监督，对补偿经费规模、标准和结构问题等提出修改调整预算意见。

第二，加强脱贫县（市）人大对生态综合补偿转移支付的实质性监督。[2]脱贫地区在具有生态综合补偿自主权、可以统筹整合使用财政涉农资金等背景下，人大监督应具有针对性，聚焦生态综合补偿资金的支出，对生态综合补偿项目预算探索开展重点审查和跟踪审查。不仅审查批准预算是人大的重要职权，监督预算执行也是宪法和预算法等法律赋予各级人大的重要职权。[3]需要加强询问、质询、审查工作报告，监督生态综合补偿资金预算收支完成情况，并严格审查批准生态综合补偿资金预算调整。

第三，开展生态综合补偿转移支付政策的研读与学习。根据《关于人

---

〔1〕 参见蒋悟真：《中国预算法实施的现实路径》，载《中国社会科学》2014年第9期。

〔2〕 参见杨进等：《地方人大预算监督立法能抑制政府支出规模吗———来自省级预算审查监督条例立法的证据》，载《当代财经》2022年第4期。

〔3〕 参见李一花等：《地方人大预算监督的主体特征与治理绩效研究》，载《中央财经大学学报》2023年第2期。

大预算审查监督重点向支出预算和政策拓展的指导意见》，新时期人大预算监督应向重点支出预算和政策拓展。生态综合补偿转移支付具有新颖性、专业性，脱贫县（市）人大对生态综合补偿转移支付资金预算能较好履行审查的前提是，预先知道并了解生态综合补偿转移支付信息政策，需要时间上的提前介入和人员方面的专业素养，应该加强生态综合补偿转移支付政策研读和学习，提升人大生态综合补偿转移支付预算审议的能力。

2. 落实社会化路径，保障公众的预算参与权。国家《预算法》第14条第1款规定"经本级人民代表大会或者本级人民代表大会常务委员会批准的预算、预算调整、决算、预算执行情况的报告及报表，应当在批准后二十日内由本级政府财政部门向社会公开"，第32条第1款规定"各级预算应当根据年度经济社会发展目标、国家宏观调控总体要求和跨年度预算平衡的需要，参考上一年预算执行情况、有关支出绩效评价结果和本年度收支预测，按照规定程序征求各方面意见后，进行编制"，这些立法表明国家对公众参与预算的认可。现实中也有地方举行民众参与生态综合补偿预算初审听证会，如上海闵行区邀请农民参与基本农田生态补偿听证会等。总体来说，生态综合补偿预算审查公众参与制度仍有提升的空间，范围上应该推广适用，参与听证不能流于口头，立法上应明确公众预算审查参与权，而不限于事后的审计知情权，如《无锡市生态补偿条例》第20条规定"财政部门应当定期组织同级自然资源、农业农村、生态环境等部门，对生态补偿资金的使用情况进行绩效评价和监督检查。审计部门应当定期对生态补偿资金的使用情况进行审计，并将审计结果向社会公开"。脱贫地区生态综合补偿转移支付应加强预算编制和预算审查的全过程管理与监督。

（三）目标问责，督察推进

生态环境保护领域，贯彻习近平总书记"最严密的法治保护生态环境"的精神，自然资源资产离任审计、生态环境损害责任终身追究、生态环境保护"党政同责""一岗双责"等政府问责机制日益健全。问责对象不断扩大，将地方党委、政府及其领导都纳入问责对象中；问责事由不断扩大，将怠于履行环境治理职责、未完成约定环境治理任务、环境质量恶化等都列入其中，而不仅仅是限于发生重大环境事故或是出现严重环境违法行为；责任形式多样化，包括政治责任、道德责任、行政责任和刑事责任等。[1]

为辅助落实地方政府环保责任，目前出现了系列配套法律制度，如中央环保督察、环境保护目标责任制和考核评价制度、向人大报告制度、环保约谈制度、河长制以及环境影响评价限制审批制度等。有学者认为，"生态补偿与考核评估、监督问责等相关政策的衔接性和协调性不足，生态补偿的政策功能没有得到充分发挥""督察是落实生态环境保护责任的重要抓手，建议将生态补偿工作纳入督察范围，促进地方政府落实好改革任务要求"[2]。

2019 年《中央生态环境保护督察工作规定》明确，中央环保督察应"坚持以人民为中心，以解决突出生态环境问题、改善生态环境质量、推动高质量发展为重点，夯实生态文明建设和生态环境保护政治责任，强化督察问责、形成警示震慑、推进工作落实、实现标本兼治，不断满足人民日益增长的美好生活需要"。脱贫地区生态综合补偿的实现情况，生态综合补偿转移支付与乡村振兴、巩固脱贫攻坚成果的统筹情况等关系脱贫地区生态环境质量改善和地区高质量发展，把生态保护补偿工作开展不力、存在突出问题的地区和部门纳入督察范围，符合生态环境保护督查的精神要义。还可适时将中央生态环境保护督察反馈问题整改情况作为省级生态环境保护督察的重要内容，形成生态补偿监督合力，同时严格落实领导干部自然资源资产离任（任中）审计，对违背科学发展要求、不顾生态环境盲目决策造成严重后果的，依规依纪依法严格问责、终身追责。

---

〔1〕　参见褚添有：《地方政府生态环境治理失灵的体制性根源及其矫治》，载《社会科学》2020 年第 8 期。

〔2〕　董战峰等：《深化生态补偿制度改革的思路与重点任务》，载《环境保护》2021 年第 21 期。

二、构建脱贫地区生态综合补偿转移支付的整体性考核评价机制

完善脱贫地区生态综合补偿转移支付考核评价机制，是实现脱贫地区生态综合补偿转移支付目标的激励约束制度。反过来，考核结果直接服务于脱贫地区生态综合补偿转移支付制度，用于转移支付资金奖惩调节。

（一）考核评价制度的现状与问题

现有脱贫地区生态综合补偿转移支付考核评价主要包括两种，一是国家重点生态功能区县域生态环境质量监测评价考核，针对中央对地方国家重点生态功能区转移支付的绩效进行评价；二是中央对地方环境要素（如林业）专项转移支付资金绩效评价。

截止到 2016 年，国家累计下达重点生态功能区转移支付资金近 3 100 亿元，转移支付县域有 725 个，其中近 71% 的县域为国家扶贫开发重点县或连片贫困县。[1]2012 年，国家重点生态功能区县域生态环境质量监测评价考核工作正式启动，主要目的是评价国家转移支付资金对县域生态环境保护的效果。2018 年我国启动了第三版指标体系（见表7-1），文件见于《关于加强"十三五"国家重点生态功能区县域生态环境质量监测评价与考核工作的通知》、《国家重点生态功能区县域生态环境质量监测评价与考核指标体系实施细则（试行）》和《国家重点生态功能区县域生态环境质量监测评价与考核现场核查指南》。新的考核指标有非常大的改进，不仅包括了生态环境质量评价指标，还包括了监管指标，同时也将"转移支付资金使用"指标融入"生态保护成效"指标中，注重生态保护的实效。

专项生态综合补偿转移支付资金考核评价方面，《林业改革发展资金预算绩效管理暂行办法》（财农〔2016〕197 号）规定了林业改革发展资

---

〔1〕 参见《国家重点生态功能区县域评价与考核，质量指标和监管指标两套体系分别考什么?》，载 https://m.sohu.com/a/138028377_692727，最近访问日期：2020 年 11 月 16 日。

金绩效评价量化指标表（见表7-3），《林业草原生态保护恢复资金管理办法》（财资环〔2020〕22号）规定"林业草原生态保护恢复资金绩效目标分为整体绩效目标和区域绩效目标，主要内容包括与任务数量相对应的质量、时效、成本以及经济效益、社会效益、生态效益、可持续影响、满意度等"（见表7-4）。从这些指标体系来看，专项生态综合补偿转移支付资金考核评价也注重生态保护与经济社会发展双赢。

总体上，生态综合补偿转移支付的考核评价指标体系在不断完善，如"十三五"以来，国家重点生态功能区转移支付由过程考核（转移支付生态保护支出比例）向过程与结果结合考核转变。[1]但细究起来，不难发现其存在的问题，主要表现有：

第一，生态综合补偿转移支付的直接效果难以分离。现阶段，生态综合补偿转移支付监督考核为一般转移支付和专项转移支付两条线，体现"条条""块块"特征。但实际上，绩效考核无法分离各项政策的实际影响，例如，在国家重点生态功能区转移支付的绩效考核中，林地、草地面积是重要的考核指标，然而由于林地、草地都有相应的专门的生态补偿政策，因此其覆盖率或质量的提升多大程度上是出于国家重点生态功能区转移支付的直接效果很难准确分离出来。[2]也就是说生态综合补偿一般性转移支付和专项转移支付的绩效难以完全分离。

第二，脱贫地区生态综合补偿转移支付的双重目标与绩效考核冲突。生态综合补偿转移支付向贫困地区（脱贫地区）倾斜，表明了脱贫地区生态综合补偿转移支付的双重目标，一是通过转移支付提高脱贫县政府的基本公共服务能力，促进经济社会发展，实现贫困缓解；二是保护脱贫地区的生态环境。从考核评价的指标来看，侧重于生态环境保护目标。

---

〔1〕　参见国家制定的一系列生态补偿考核文件，如《国家重点生态功能区县域生态环境质量考核办法》《国家重点生态功能区县域生态环境质量监测、评价与考核指标体系》《关于加强"十三五"国家重点生态功能区县域生态环境质量监测评价与考核工作的通知》等。

〔2〕　参见靳乐山等：《将GEP纳入生态补偿绩效考核评估分析》，载《生态学报》2019年第1期。

可见，生态综合补偿转移支付的支出与绩效没有完全对等，不利于脱贫地区全面实施生态综合补偿。

第三，脱贫地区生态综合补偿转移支付绩效评价数据的真实性存疑。自 2012 年起，原环境保护部按照《国家重点生态功能区县域生态环境质量考核办法》，每年对上一年度转移支付县域开展生态环境监测评价与考核。一方面，脱贫县的环境监测部门往往不具备所需要的环境监测能力，可能难以保障生态补偿绩效考核的数据要求。另一方面，考核结果直接服务于国家重点生态功能区转移支付政策，用于转移支付资金奖惩调节。目前各项指标数据一般由县级政府部门提供，争取更多转移支付资金的动力或各方利益博弈结果，很有可能影响考核数据来源的准确性。

表 7-1　十三五方案国家重点生态功能区县域生态环境质量监测评价与考核体系（一）

指标类型		一级指标		二级指标	
名称		名称	权重	名称	权重
技术指标	水土保护	自然生态指标	0.70	植被覆盖指数	0.23
				生态保护红线等受保护区域面积所占比例	0.13
				林草地覆盖率	0.23
				水域湿地覆盖率	0.18
				耕地和建设用地比例	0.13
				中度及以上土壤侵蚀面积所占比例	0.10
		环境状况指标	0.30	土壤环境质量指数	0.30
				Ⅲ类及优于Ⅲ类水质达标率	0.15
				优良以上空气质量达标率	0.30
				集中式饮用水水源地水质达标率	0.25

表7-2　十三五方案国家重点生态功能区县域生态环境质量监测评价与考核体系（二）

指标类型		指标分值	
名称		指标	分值
监管指标	生态环境保护管理指标	1. 生态保护成效	20分
		1.1 生态环境保护创建与管理	5分
		1.2 国家级自然保护区建设	5分
		1.3 省级自然保护区建设及其他生态创建	5分
		1.4 生态环境保护与治理支出	5分
		2. 环境污染防治	40分
		2.1 污染源排放达标率与监管	10分
		2.2 污染物减排	10分
		2.3 县域产业结构优化调整	10分
		2.4 农村环境综合整治	10分
		3. 环境基础设施运行	20分
		3.1 城镇生活污水集中处理率与污水处理厂运行	8分
		3.2 城镇生活垃圾无害化处理率与处理设施运行	8分
		3.3 环境空气自动站运行及联网	4分
		4. 县域考核工作组织	20分
		4.1 组织机构和年度实施方案	5分
		4.2 部门分工	5分
		4.3 县级自查	10分
		合计	100分
	自然生态变化详查		
	人为因素引发的突发环境事件		

表 7-3 林业改革发展资金绩效评价量化指标表

评价内容	评价指标	备注（地方可以具体细化各指标）
一、资金投入和使用（30分）	1. 资金使用的规范性（10分）	
	2. 与方案相符性（10分）	
	3. 任务计划相关性（10分）	
二、资金和项目管理（20分）	1. 绩效目标的设定（2分）	
	2. 方案制度的报送（2分）	
	3. 管理制度建设（2分）	
	4. 资金支出进度（1分）	
	5. 管理机制创新（4分）	
	6. 有效管理措施（3分）	
	7. 自评开展情况（2分）	
	8. 信息宣传报道（3分）	
	9. 部门协作机制（1分）	
三、资金实际产出（30分）	1. 森林资源管护	
	2. 森林资源培育	
	3. 生态保护体系建设	
	4. 国有林场改革	
	5. 林业产业发展	
四、政策实施效果（20分）	1. 生态效益（5分）	
	2. 经济社会效益（5分）	
	3. 可持续影响（5分）	
	4. 满意度（5分）	

表 7-4 林业生态保护恢复资金区域绩效目标（地方层面可以细化）

一级指标	二级指标	三级指标
产出指标	数量指标	天然林保护工程区外国有林停伐产量（立方米）
		上一轮退耕还林补助面积（万亩）
		增加新造林（草）地面积（万亩）
		退耕还林（草）第二次补助面积（万亩）
		退耕还林第三次补助面积（万亩）
	质量指标	造林质量达标情况（合格率）
	时效指标	当年资金支出率
		退耕还林还草完成及时情况（2018 年底前完成计划）
	成本指标	退耕还林标准（累计 3 次补助，单位：元/亩）
		退耕还草标准（累计 2 次补助，单位：元/亩）
效益指标	经济效益指标	职工收入水平增幅
	社会效益指标	社会保险参保率
	生态效益指标	减少水土流失效果
	可持续影响指标	持续发挥生态作用显著
满意度指标	服务对象满意度指标	退耕农户和社会公众满意度

（二）考核评价制度的完善思考

脱贫地区在国家主体功能区规划中多为限制开发区或禁止开发区，具有明确的生态功能定位，因此脱贫地区生态综合补偿转移支付绩效考核的重点还是应放在生态功能建设上，但同时应综合地区实际、扶贫解困、历史遗留、客观性等因素。

1. 遵循公平、公正、公开原则。

脱贫地区生态综合补偿转移支付考核评价应遵循公平、公正、公开原则。脱贫地区生态综合补偿转移支付在预算编制阶段应设定绩效目标，预算年度终了时脱贫地区政府应向上级政府提交生态补偿转移支付绩效报告，由上级政府进行绩效评价并将评价结果向社会公开。脱贫地区生态综合补偿转移支付考核评价应建立社会公众及中介组织的参与机制，可引入第三方考核机构，保证考核结果的客观性。现在的生态补偿绩效考核注重奖惩机制，在某一省份生态补偿资金较为固定的情况下，考核结果与当期生态补偿资金数量密切相关，甚至综合性生态补偿考核结果也与后期的生态补偿资金安排挂钩，为了避免考核过程中出现弄虚作假、徇私枉法现象，应由中立的第三方机构进行考核评估，保证考核结果的公平公正。

2. 静态考核与动态考核相结合。

静态考核侧重同级政府之间的横向比较，动态考核则是通过对同一地区生态环境民生改善指标历史数据的比较，分析其改进或退步的程度。不同地区生态环境基础不同，与其他地区的横向比较不足以说明某个地区的生态环境建设绩效，而通过与历史数据的对比，特别是与没有实行生态综合补偿的时期比较，能较为客观地评价地区生态综合补偿的效果。

3. 警惕将生态保护的目标从属于减贫的目标。

从制度设定的目标角度来看，脱贫地区生态综合补偿转移支付考核评价制度具有双重目标，一是保护生态环境，二是缓解相对贫困；从制度实施的角度来看，脱贫地区生态综合补偿转移支付考核评价制度也具有双重目标，一是对生态保护好和缓解相对贫困效果显著的地区给予奖励，二是对因非不可抗拒因素造成生态环境恶化和贫困状况加剧的地区扣减转移支付予以惩罚。

脱贫地区生态综合补偿转移支付考核评价制度要防止"促进经济社

会发展缓解相对贫困"目标挤占"生态保护"目标，或者警惕将提供生态系统服务的目标从属于减贫的目标现象出现。这与该评价制度是有利于"授人以鱼"还是有利于"授人以渔"关系密切，需要发展有利于"授人以渔"考核评价指标，如替代性生产生活方式的选择及可持续性、生态环境教育等，注重改变"人"（如脱贫县、脱贫村和脱贫人口），形成内部积累，提高自我发展能力，来达到保护"物"（生态环境）的目的。

4. 生态综合补偿转移支付的合法性控制转向有效性控制。

从上述评价体系来看，我国生态综合补偿转移支付考核评价有趋向有效性考核的趋势。一些国家先后推行绩效预算改革，对财政支出的控制由之前的注重合法性控制转向关注有效性控制。[1]有效性控制强调转移支付的时效性、针对性和科学性。脱贫地区生态综合补偿追求生态保护和缓解相对贫困"双赢"的整体性绩效，结合生态综合补偿自主权，进行有针对性的精准考核。适宜在不违背国家层面重点生态功能区考核和专项生态综合补偿转移支付考核的情况下，在省域层面建立综合性的脱贫地区生态综合补偿转移支付考核评价体系，综合反映生态保护和缓解相对贫困的成效。

综合性的生态补偿考核体系应主要包括四个方面，即功能性环境资源约束指标、生态文明建设评价指标、绿色发展评价指标和居民满意度。功能性环境资源约束指标对应保障重点生态功能区、森林、草原、湿地等生态功能的转移支付；生态文明建设评价指标对应以"地区"为考核主体的地方政府责任；绿色发展评价指标反映生态综合补偿转移支付资金在经济发展方面的贡献；居民满意度反映地区居民对生态环境的满意程度和相对贫困人口是否获得实惠。

2022 年《福建省综合性生态保护补偿实施方案》明确了 11 项综合性

---

[1] 参见张婉苏：《我国财税法中转移支付的公平正义——以运行逻辑与实现机制为核心》，载《政治与法律》2018 年第 9 期。

生态保护补偿考核指标，包括森林覆盖率、空气质量优良天数比例、空气质量综合指数、县（市、区）主要流域水质优良（达到或好于Ⅲ类）比例、小流域水质优良（达到或好于Ⅲ类）比例、集中式饮用水水源水质达到或优于Ⅲ类比例，生活污水处理、行政村生活垃圾处理比例、生态安全屏障、环境安全保障、耕地保有量。这一指标体系的设立重在生态环境质量的保持与提升，具有重要参考意义。从我们对理论界和实务界的调查来看，脱贫地区生态综合补偿考评不限于上述指标，森林覆盖率、水源地保护区水质达标率、空气质量达标率、森林积蓄量、流域监测断面水质达标率、生活污水处理比例、耕地面积、生活垃圾处理比例、居民对生态环境的满意程度、生态护林员数量、相对贫困人口退出率、生态产业对财政增长的贡献率、生态补偿中引入的社会资本数量、万元规模以上工业增加值能耗下降率、林权抵押融资的规模等评价指标具有代表性。

结　语

　　随着学术界对生态补偿法治研究的深入，生态补偿转移支付法律制度作为生态补偿资金来源和使用的核心规范，权力特征是其外在表现，维护公共利益和公民权利却是其内在期许，生态补偿相关法制不仅是推动生态环境保护的工具型法，也是保障公民权利的目的型法。生态补偿资金直接流向生态环境的保护者，特别是生态环境保护的贫困人口，实现"绿""利"兼得是生态补偿法治理论与实践研究的新领域。

　　生态综合补偿是地方政府推进生态补偿落地的创新举措，既是生态环境公共利益维护的实践要求，也是公民权利保障的根本路径。生态综合补偿转移支付是生态综合补偿的基础支撑，生态综合补偿转移支付法制规范是影响生态综合补偿效果的重要力量。生态综合补偿转移支付法律制度的建构只有以尊重和保障地方政府生态综合补偿自主权为基础，实现生态补偿资金的稳定供给和有效利用，才能切实推进生态综合补偿制度价值目标的实现。基于"生态脱贫"展开来研究生态综合补偿转移支付法制，是生态补偿法治化研究的重要组成部分，以贫困地区为专门研究对象，着眼于生态补偿的主要困境——既有利于生态环境保护又有利于经济社会发展"双赢"问题的解决。

　　本书在对生态综合补偿、脱贫地区、生态脱贫实践、脱贫地区生态综合补偿转移支付法制演变、评价体系以及国内外相关研究的基础上，构建了脱贫地区生态综合补偿转移支付法制的理论体系。研究过程中，遵循规范分析与实证分析、历史纵向分析与国际横向比较相结合的分析方法，对生态补偿转移支付与脱贫攻坚关系的理论证明和实效考察、脱贫地区生态综合补偿转移支付法制完善的理论指引、脱贫地区生态综合补偿转移支付法律制度完善和监督评价机制等开展了系统研究，以期为巩固生态补偿脱贫成果和生态补偿立法提供参考。

综观全书，尚有以下两方面值得进一步拓展研究：

1. 理论上，加强脱贫地区生态综合补偿转移支付法治化的理论研究。一方面，对本文提出的理论有待深入探讨。如关于生态综合补偿自主权，其权力的边界在哪里？实施阶段性分权的法理基础和现实困境是什么？另一方面，本书以脱贫地区生态综合补偿转移支付法制为研究对象，探索了脱贫地区生态综合补偿转移支付法制建构的理论基础，对制度完善的价值目标、理念、内容和监督机制进行系统研究，基本遵循纵向研究逻辑。但相较于专门的脱贫地区生态综合补偿转移支付法律制度建设，横向方面比如脱贫地区生态综合补偿转移支付法律制度与一般生态补偿转移支付的异同；脱贫地区生态综合补偿转移支付法律制度与脱贫地区其他转移支付的异同等，这些内容的细化研究将有助于理解和完善专门的脱贫地区生态综合补偿转移支付法律制度。

2. 实践上，进一步跟踪研究的思考。时间上，生态综合补偿转移支付巩固脱贫攻坚成果是一个持续性的过程，跟踪研究完全有其必要性；实效上，脱贫地区生态综合补偿的效果需要长期的考察，与其不断更新的生态综合补偿实施及评价的方式、手段以及地方相关法制建设情况密切相关。跟踪研究有利于总结经验、发现问题，夯实理论基础，服务于"生态脱贫"这一基础目标。

参考文献

一、中文著作类

1、[日]福泽谕吉:《文明论概略》,北京编译社译,商务印书馆 1959 年版。

2、《孙中山全集》(第一卷),中华书局 1981 年版。

3、[日]福泽谕吉:《劝学篇》,群力译,商务印书馆 1984 年版。

4、《列宁全集》(第 23 卷),中共中央马克思 恩格斯 列宁 斯大林著作编译局编译,人民出版社 1990 年版。

5、[美]诺内特、塞尔兹尼克:《转变中的法律与社会》,张志铭译,中国政法大学出版社 1994 年版。

6、[英]亚当·斯密:《道德情操论》,蒋自强等译,商务印书馆 1997 年版。

7、寇铁军:《中央与地方财政关系研究》,东北财经大学出版社 1996 年版。

8、世界环境与发展委员会:《我们共同的未来》,王之佳等译,吉林人民出版社 1997 年版。

9、林尚立:《国内政府间关系》,浙江人民出版社 1998 年版。

10、[美]E. 博登海默:《法理学——法律哲学与法律方法》,邓正来译,中国政法大学出版社 1998 年版。

11、张文显主编:《法理学》,法律出版社 1997 年版。

12、[美]埃莉诺·奥斯特罗姆:《公共事物的治理之道——集体行动制度的演进》,余逊达、陈旭东译,上海三联书店 2000 年版。

13、[美]詹姆斯·M. 布坎南:《民主财政论:财政制度和个人选择》,穆怀朋译,商务印书馆 1993 年版。

14、刘剑文:《税法专题研究》,北京大学出版社 1993 年版。

15、刘剑文主编：《财税法学研究述评》，高等教育出版社 2004 年版。

16、马骏：《论转移支付——政府间财政转移支付的国际经验及对中国的借鉴意义》，中国财政经济出版社 1998 年版。

17、[英] 弗里德利希·冯·哈耶克：《法律、立法与自由》（第二、三卷），邓正来等译，中国大百科全书出版社 2000 年版。

18、周旺生主编：《立法学》，法律出版社 2000 年版。

19、计金标：《生态税收论》，中国税务出版社 2000 年版。

20、马寅初：《财政学与中国财政——理论与现实》（上册），商务印书馆 2001 年版。

21、葛洪义主编：《法理学》，中国政法大学出版社 2002 年版。

22、汪习根主编：《平等发展权法律保障制度研究》，人民出版社 2018 年版。

23、[英] 朱迪·丽丝：《自然资源：分配、经济学与政策》，蔡运龙等译，商务印书馆 2002 年版。

24、王金南等编著：《环境税收政策及其实施战略》，中国环境科学出版社 2006 年版。

25、刘海英：《地方政府间财政关系研究》，中国财政经济出版社 2006 年版。

26、中国 21 世纪议程管理中心、可持续发展战略研究组：《生态补偿：国际经验与中国实践》，社会科学文献出版社 2007 年版。

27、[日] 盐野宏：《行政组织法》，杨建顺译，北京大学出版社 2008 年版。

28、麻朝晖：《贫困地区经济与生态环境协调发展研究》，浙江大学出版社 2008 年版。

29、高国力等：《我国主体功能区划分与政策研究》，中国计划出版社 2008 年版。

30、[美] 约翰·罗尔斯：《正义论》，何怀宏等译，中国社会科学出版社 2009 年版。

31、徐阳光：《财政转移支付制度的法学解析》，北京大学出版社 2009 年版。

32、徐孟洲等：《财税法律制度改革与完善》，法律出版社 2009 年版。

33、王建学：《作为基本权利的地方自治》，厦门大学出版社 2010 年版。

34、许凤冉等：《流域生态补偿理论探索与案例研究》，中国水利水电出版社 2010 年版。

35、张锋：《生态补偿法律保障机制研究》，中国环境科学出版社 2010 年版。

36、[美] 朱迪·弗里曼：《合作治理与新行政法》，毕洪海、陈标冲译，商务印书馆出版社 2010 年版。

37、秦玉才主编：《流域生态补偿与生态补偿立法研究》，社会科学文献出版社 2011 年版。

38、徐中民等:《甘肃省典型地区生态补偿机制研究》,中国财政经济出版社 2011
年版。

39、张千帆:《国家主权与地方自治———中央与地方关系的法治化》,中国民主法制
出版社 2012 年版。

40、黄寰:《区际生态补偿论》,中国人民大学出版社 2012 年版。

41、中国 21 世纪议程管理中心编著:《生态补偿的国际比较:模式与机制》,社会科
学文献出版社 2012 版。

42、秦玉才、汪劲主编:《中国生态补偿立法:路在前方》,北京大学出版社 2013
年版。

43、许正中等:《财政扶贫绩效与脱贫致富战略》,中国财政经济出版社 2014 版。

44、刘剑文:《财税法专题研究》,北京大学出版社 2015 年版。

45、孔令英:《边境贫困地区生态补偿机制研究——基于新疆视角》,经济管理出版社
2016 年版。

46、刘剑文等:《财税法总论》,北京大学出版社 2016 年版。

47、［法］孟德斯鸠:《论法的精神》（上卷）,许明龙译,商务印书馆 2012 年版。

48、［美］艾伦·德肖维茨:《你的权利从哪里来?》,黄煜文译,北京大学出版社 2014
年版。

49、杨庭硕:《生态扶贫导论》,湖南人民出版社 2017 年版。

50、朱名宏主编:《广州蓝皮书:广州农村发展报告（2017）》,社会科学文献出版社
2017 年版。

51、刘桂怀等编著:《生态环境补偿:方法与实践》,中国环境出版社 2017 年版。

52、王晓毅等:《生态移民与精准扶贫——宁夏的实践与经验》,社会科学文献出版社
2017 年版。

53、［英］科林·斯科特:《规制、治理与法律:前沿问题研究》,安永康译,清华大
学出版社 2018 年版。

54、项中新等编著:《转移支付制度:比较与选择》,九州图书出版社 1994 年版。

二、中文期刊报纸论文部分

1、张蓬涛等:《基于退耕的环京津贫困地区生态补偿标准研究》,载《中国水土保
持》2011 年第 6 期。

2、张丽荣等：《我国生物多样性保护与减贫协同发展模式探索》，载《生物多样性》2015 年第 2 期。

3、王曙光、王丹莉：《减贫与生态保护：双重目标兼容及其长效机制———基于藏北草原生态补偿的实地考察》，载《农村经济》2015 年第 5 期。

4、曹忠祥：《贫困地区生态综合补偿的总体设想》，载《中国发展观察》2017 年第 22 期。

5、杜振华 、焦玉良：《建立横向转移支付制度实现生态补偿》，载《宏观经济研究》2004 年第 9 期。

6、郑雪梅：《生态补偿横向转移支付制度探讨》，载《地方财政研究》2017 年第 8 期。

7、余璐、李郁芳：《中央政府供给地区生态补偿的内生性缺陷——多数规则下的分析》，载《中南财经政法大学学报》2010 年第 2 期。

8、覃甫政：《论生态补偿转移支付的法律原则——基于生态补偿法与财政转移支付法耦合视角的分析》，载《北京政法职业学院学报》2014 年第 2 期。

9、李亮、高利红：《论我国重点生态功能区生态补偿与精准扶贫的法律对接》，载《河南师范大学学报（哲学社会科学版）》2017 年第 5 期。

10、王清军：《生态补偿主体的法律建构》，载《中国人口·资源与环境》2009 年第 1 期。

11、郭锐：《央地财政分权的"选择构筑"视角 兼论中央财政权力的宪法约束》，载《中外法学》2018 年第 2 期。

12、夏冬泓：《财政转移支付结构调整困境及其人权再定位》，载《法学杂志》2018 年第 2 期。

13、安晓明等：《生态职能区划：区域生态补偿的区划基础》，载《地域研究与开发》2013 年第 5 期。

14、王昱等：《基于我国区域制度的区域生态补偿难点问题研究》，载《现代城市研究》2012 年第 6 期。

15、沈满洪、陆菁：《论生态保护补偿机制》，载《浙江学刊》2004 年第 4 期。

16、冉冉：《如何理解环境治理的"地方分权"悖论：一个推诿政治的理论视角》，载《经济社会体制比较》2019 年第 4 期。

17、徐丽媛、郑克强：《生态补偿式扶贫的机理分析与长效机制研究》，载《求实》2012 年第 10 期。

18、张绪清:《欠发达资源富集区利益补偿与生态文明构建》,载《特区经济》2010年第1期。

19、李永宁:《论生态补偿的法学涵义及其法律制度完善———以经济学的分析为视角》,载《法律科学 (西北政法大学学报)》2011年第2期。

20、张婉苏:《我国财税法中转移支付的公平正义——以运行逻辑与实现机制为核心》,载《政治与法律》2018年第9期。

21、林业重点工程社会经济效益监测项目组等:《我国林业重点工程社会经济效益监测十年回顾——成效、经验与展望》,载《林业经济》2014年第1期。

22、胡学英:《欠发达地区生态扶贫实践研究——以江西为例》,载《湖北经济学院学报 (人文社会科学版)》2020年第10期。

23、李卫忠等:《退耕还林对农户经济影响的分析——以陕西省吴起县为例》,载《中国农村经济》2007年第S1期。

24、洪睿等:《退耕还林 (草) 工程对农户生活的影响——以皇甫川流域为例》,载《林业经济》2008年第2期。

25、王立安等:《退耕还林工程对农户缓解贫困的影响分析———以甘肃南部武都区为例》,载《干旱区资源与环境》2013年第7期。

26、吴乐等:《生态补偿对不同收入农户扶贫效果研究》,载《农业技术经济》2018年第5期。

27、史玉成:《生态补偿的理论蕴涵与制度安排》,载《法学家》2008年第4期。

28、张文彬、李国平:《国家重点生态功能区转移支付动态激励效应分析》,载《中国人口·资源与环境》2015年第10期。

29、张跃胜:《国家重点生态功能区生态补偿监管研究》,载《中国经济问题》2015年第6期。

30、沈坤荣、金刚:《中国地方政府环境治理的政策效应——基于"河长制"演进的研究》,载《中国社会科学》2018年第5期。

31、谢玲、李爱年:《责任分配抑或权利确认:流域生态补偿适用条件之辨析》,载《中国人口·资源与环境》2016年第10期。

32、王清军:《法政策学视角下的生态保护补偿立法问题研究》,载《法学评论》2018年第4期。

33、史玉成:《环境利益、环境权利与环境权力的分层建构——基于法益分析方法的思考》，载《法商研究》2013 年第 5 期。

34、董兴佩：《法益：法律的中心问题》，载《北方法学》2008 年第 3 期。

35、严存生：《"新权利"的法哲学思考》，载《江汉学术》2019 年第 3 期。

36、杜群：《生态保护及其利益补偿的法理判断——基于生态系统服务价值的法理解析》，载《法学》2006 年第 10 期。

37、徐丽媛：《生态补偿中政府与市场有效融合的理论与法制架构》，载《江西财经大学学报》2018 年第 4 期。

38、周永坤：《权力结构模式与宪政》，载《中国法学》2005 年第 6 期。

39、魏红英：《纵向权力结构合理化：中央与地方关系和谐发展的基本进路》，载《中国行政管理》2008 年第 6 期。

40、张守文：《经济发展权的经济法思考》，载《现代法学》2012 年第 2 期。

41、汪习根、朱林：《新常态下发展权实现的新思路》，载《理论探索》2016 年第 1 期。

42、〔美〕布莱恩·E·亚当斯：《美国联邦制下的地方政府自治》，王娟娟、荣霞译，载《南京大学学报（哲学·人文科学·社会科学）》2012 年第 2 期。

43、黄贤全、彭前胜：《美国政府对阿巴拉契亚地区的两次开发》，载《西南师范大学学报（人文社会科学版）》2006 年第 5 期。

44、蒋银华：《新时代发展权救济的法理审思》，载《中国法学》2018 年第 5 期。

45、徐小平、张启春：《美国的政府间转移支付改革及启示》，载《中南财经政法大学学报》2010 年第 2 期。

46、王彬彬、李晓燕：《生态补偿的制度建构：政府和市场有效融合》，载《政治学研究》2015 年第 5 期。

47、崔莉等：《自然资源资本化实现机制研究——以南平市"生态银行"为例》，载《管理世界》2019 年第 9 期。

48、谭辉等：《美国田纳西河流域环境保护特点分析》，载《水利建设与管理》2016 年第 7 期。

49、马光荣等：《财政转移支付结构与地区经济增长》，载《中国社会科学》2016 年第 9 期。

50、吕忠梅：《论生态文明建设的综合决策法律机制》，载《中国法学》2014 年第 3 期。

51、周旺生：《法的功能和法的作用辨异》，载《政法论坛》2006 第 5 期。

52、叶兴庆、殷浩栋:《从消除绝对贫困到缓解相对贫困:中国减贫历程与 2020 年后的减贫战略》,载《改革》2019 年第 12 期。

53、倪志龙:《主体功能区建设中的财政转移支付法律制度研究》,载《经济法论坛》2009 年第 0 期。

54、任世丹:《重点生态功能区生态补偿正当性理论新探》,载《中国地质大学学报(社会科学版)》2014 年第 1 期。

55、吕忠梅:《中国生态法治建设的路线图》,载《中国社会科学》2013 年第 5 期。

56、熊伟:《分税制模式下地方财政自主权研究》,载《政法论丛》2019 年第 1 期。

57、漆多俊:《论权力》,载《法学研究》2001 年第 1 期。

58、刘剑文:《财税法功能的定位及其当代变迁》,载《中国法学》2015 年第 4 期。

59、苏明、刘军民:《创新生态补偿财政转移支付的甘肃模式》,载《环境经济》2013 年第 7 期。

60、潘佳:《区域生态补偿的主体及其权利义务关系———基于京津风沙源区的案例分析》,载《哈尔滨工业大学学报(社会科学版)》2014 年第 5 期。

61、蒋悟真:《中国预算法实施的现实路径》,载《中国社会科学》2014 年第 5 期。

62、叶必丰:《区域合作协议的法律效力》,载《法学家》2014 年第 6 期。

63、李宁等:《关于我国区域生态补偿财政政策局限性的探讨》,载《中国人口·资源与环境》2010 年第 6 期。

64、韩乐悟:《生态补偿政策咋就执行走了样》,载《法制日报》2006 年 4 月 21 日,第 6 版。

65、梁增然:《发达国家森林生态补偿法律制度分析与借鉴》,载《郑州大学学报(哲学社会科学版)》2015 年第 4 期。

66、马颖:《德国的财政平衡与区域经济均衡发展》,载《经济评论》1996 年第 6 期。

67、韩一军、徐锐钊:《2014 美国农业法改革及启示》,载《农业经济问题》2015 年第 4 期。

68、王世群:《2014 年美国新农业法农业环境保护政策分析》,载《世界农业》2015 年第 8 期。

69、苏力:《当代中国的中央与地方分权——重读毛泽东,〈论十大关系〉第五节》,载《中国社会科学》2004 年第 2 期。

70、陈光:《该如何构建合理的中央和地方立法关系——兼评〈中央与地方立法关系

法治化研究〉》，载《山东大学法律评论》2010 年第 0 期。

71、袁明圣：《宪法架构下的地方政府》，载《行政法学研究》2011 年第 1 期。

72、封丽霞：《中央与地方立法权限的划分标准："重要程度"还是"影响范围"?》，载《法制与社会发展》2008 年第 5 期。

73、徐键：《分权改革背景下的地方财政自主权》，载《法学研究》2012 年第 3 期。

74、何锦前：《地方财政自主权的边界分析》，载《法学评论》2016 年第 3 期。

75、李爱年、彭丽娟：《生态效益补偿机制及其立法思考》，载《时代法学》2005 年第 3 期。

76、靳乐山等：《将 GEP 纳入生态补偿绩效考核评估分析》，载《生态学报》2019 年第 1 期。

77、褚添有：《地方政府生态环境治理失灵的体制性根源及其矫治》，载《社会科学》2020 年第 8 期。

78、董战峰等：《深化生态补偿制度改革的思路与重点任务》，载《环境保护》2021 年第 21 期。

79、杨进等：《地方人大预算监督立法能抑制政府支出规模吗———来自省级预算审查监督条例立法的证据》，载《当代财经》2022 年第 4 期。

80、李一花等：《地方人大预算监督的主体特征与治理绩效研究》，载《中央财经大学学报》2023 年第 2 期。

81、任世丹：《贫困问题的环境法应对》，武汉大学 2011 年博士学位论文。

82、徐健：《地方财政自主权研究》，上海交通大学 2010 年博士学位论文。

83、杨谨夫：《我国生态补偿的财政政策研究》，财政部财政科研所 2015 年博士学位论文。

三、网络文献

1、国务院扶贫办政策法规司：《脱贫攻坚网络展之生态扶贫》，载 http://www.forestry.gov.cn/main/72/20200521/170559233892976.html，最后访问日期：2020 年 12 月 1 日。

2、《生态综合补偿试点典型经验之一 做好"绿""利"文章——福建省生态保护补偿实现保护者与受益者双赢》，载 https://www.ndrc.gov.cn/fggz/202 008/t20200 812_ 1236044.html，最后访问日期：2020 年 10 月 6 日。

3、董战峰：《践行"两山"理念 中国探索生态脱贫新路子》，载 http://f.china.com.cn/2020-03/31/content_75880619.htm，最后访问日期：2020 年 12 月 1 日。

4、《赣鄱大地交出生态扶贫高分答卷》，载 http://www.forestry.gov.cn/main/5562/20190926/153228875890367.html，最后访问日期：2020 年 12 月 1 日。

5、《长江上游黄河上中游地区天然林资源保护工程实施方案》，载 http://www.docin.com/p-109137035.html，最后访问日期：2019 年 7 月 16 日。

6、《长江上游、黄河上中游地区天然林资源保护工程二期实施方案》，载 http://www.forestry.gov.cn/portal/trlbh/s/1880/content-760201.html，最后访问日期：2019 年 7 月 16 日。

7、《关于印发〈全国生态脆弱区保护规划纲要〉的通知》，载 http://www.gov.cn/gzdt/2008-10/09/content_1116192.htm，最后访问日期：2019 年 7 月 12 日。

8、《哥斯达黎加环境保护的相关法律法规》，载 http://www.mofcom.gov.cn/article/i/dxfw/nbgz/201506/20150601009936.shtml，最后访问日期：2020 年 8 月 1 日。

9、《森林可持续发展基本法》，载 https://docs.mexico.justia.com/federales/ley_general_de_desarrollo_forestal_sustentable.pdf，最后访问日期：2020 年 8 月 1 日。

10、财政部：《财政部对十三届全国人大二次会议第 5094 号建议的答复》，载 http://zyhj.mof.gov.cn/lh/2017jytafwgk_9467/2018rddbjyfwgk/201909/t20190910_3384041.htm，最后访问日期：2019 年 10 月 11 日。

11、《国家林草局：生态扶贫任务已完成 90% 以上》，载 http://www.gov.cn/xinwen/2019-09/27/content_5434287.htm，最后访问日期：2022 年 10 月 6 日。

12、《关于〈生态保护补偿条例（公开征求意见稿）〉公开征求意见的公告》，载 https://hd.ndrc.gov.cn/yjzx/yjzx_add.jsp?SiteId=350，最后访问日期：2020 年 12 月 12 日。

13、《国家重点生态功能区县域评价与考核，质量指标和监管指标两套体系分别考什么？》，载 https://m.sohu.com/a/138028377_692727，最后访问日期：2020 年 11 月 16 日。

14、秦楼月：《相对贫困治理的路径探析》，载 http://www.rmlt.com.cn/2022/0901/655366.shtm，最近访问日期：2023 年 6 月 5 日。

15、《国家扶贫开发工作重点县和连片特困地区县的认定》，载 https://www.gov.cn/gzdt/2013-03/01/content_2343058.htm，最后访问日期：2023 年 6 月 8 日。

16、《脱贫攻坚战取得全面胜利 脱贫地区农民生活持续改善——党的十八大以来经济社会发展成就系列报告之二十》，载 https://www.stats.gov.cn/xxgk/jd/sjjd2020/202210/t20221011_ 1889191.html，最后访问日期：2022 年 12 月 12 日。

四、外文类

1、H. L. A. Hart，"Bentham on Legal Powers"，*The Yale Law Journal*，Vol. 81，No. 5.，1972.

2、Michael Richard，"Common Property Resource Institutions and Forest Management Inlatin America"，*Development and Change*，Vol. 28，No. 1.，1997.

3、Stefanie Engel，et al.，"Designing Payments for Environmental Services in Theory and Practice：An Overview of the Issues"，*Ecological Economics*，Vol. 65，No. 4.，2008.

4、Bruno Locatelli，et al.，"Impacts of payments for environmental services on local development in Northern Costa Rica：A fuzzy multi-criteria analysis"，*Forest Policy and Economics*，Vol. 10，No. 5.，2008.

5、Albert Park，Sangui Wang，"Community-based development and poverty alleviation：An evaluation of China's poor village investment program"，*Journal of Public Economics*，Vol. 94，No. 9-10.，2010.

6、Driss Ezzine-de-Blas，et al.，"Global Patterns in the Implementation of Payments for Environmental Services"，*Plos One*，Vol. 11，No. 3.，2016.

7、Oreoluwa Ola，et al.，"Determinants of the environmental conservation and poverty alleviation objectives of Payments for Ecosystem Services（PES）programs"，*Ecosystem Services*，Vol. 35，2019.

8、Helmut Schwarzer，et al.，"Protecting people and the environment：Lessons learnt from Brazil's Bolsa Verde，China，Costa Rica，Ecuador，Mexico，South Africa and 56 other experiences"，https://www.ilo.org/global/topics/green-jobs/publications/WCMS_516936/lang--en/index.htm.

9、Arild Vatn，"An institutional analysis of payments for environmental services"，*Ecological Economics*，Vol. 69，No. 6.，2010.

10、Ina Porras，et al.，*Learning from 20 years of Payments for Ecosystem Services in Costa Rica*，International Institute for Environmentand Development，2013.

11、John R. Bartle, "Budgeting, Policy, and Administration: Patterns and Dynamics in the United States", *International Journal of Public Administration*, Vol. 24, No. 1., 2001.

12、Wallance E. Oates, Fiscal Federalism, New York, Harcourt Brace Jovanovich, Inc. 1972.

13、Droste Nils, et al., "Decentralization effects in ecological fiscal transfers: The case of Portugal PDF Logo", *UFZ Discussion Paper*, No. 3., 2017.

14、Lasse Loft, et al., "The experience of ecological fiscal transfers: Lessons for REDD+ benefit sharing", http://www.cifor.org/publications/pdf_files/OccPapers/OP-154. pdf, 最后访问日期: 2021 年 1 月 18 日。

15、"Environmental Quality Incentives Program", http://www.nrcs.usda.gov/vesources/ guides-and-instructions/eqip-advance-payment-option。

16、Eric D. Carter, "Malaria control in the Tennessee Valley Authority: health, ecology, and metanarratives of development", *Journal of Historical Geography*, Vol. 43, 2014.

17、Kemkes Robin J, et al., "Determining when Payments are an Effective Policy Approach to Ecosystem Service Provision", *Ecological Economics*, Vol. 69, No. 11., 2010.

18、Cynnamon Dobbs, et al., "Multiple ecosystem services and disservices of the urban forest establishing their connections with landscape structure and sociodemographics", *Ecological Indicators*, Vol. 34, 2014.

19、Chevillat Véronique, et al., "Whole-farm Advisory Increases Quality and Quantity of Ecological Compensation Areas", *Agrarforschung Schweiz*, Vol. 3, No. 2., 2012.

20、David Pearce, "The Role of Carbon Taxes in Adjusting to Global Warming: The Journal of the Royal Economic Society", *Economic Journal*, Vol. 101, No. 407., 1991.

21、Oluyede C. Ajayi, et al., "Auction Design for the Private Provision of Public Goods in Developing Countries: Lessons from Payments for Environmental Services in Malawi and Indonesia", *World Development*, Vol. 40, No. 6., 2012.

22、Amy Richmond, et al., "Valuing ecosystem services: A shadow price for net primary production", *Ecological Economics*, Vol. 64, No. 2., 2007.

23、Bhim Adhikari, Arun Agrawal, "Understanding the Social and Ecological Outcomes of PES Projects: A Review and an Analysis", *Conservation Society*, Vol. 11, No. 4., 2013.

24、Benson C. Sherrouse, et al., "An application of Social Values for Ecosystem Services (SolVES) to Three National Forests in Colorado and Wyoming", *Ecological Indicators*, Vol. 36, 2014.

25、Roldan Muradian, et al., "Reconciling theory and practice: An alternative conceptual framework for understanding payments for environmental services", *Ecological Economics*, Vol. 69, No. 6., 2010.

26、S. Pagipla, G. Platais, *Payments for Envirnmental Services: From Theory to Practice*, Seminar at Michigan State University, 2006.

27、Philip Womble, Martin W. Doyle, "The Geography of Trading Ecosystem Services: a Case Study of Wetland and Stream Compensatory Mitigation Markets", *The Harvard Environmental Law Review*, Vol. 36, No. 1., 2012.

28、Sven Wunder, *Payments for Environmental Services: Some Nuts and Bolts*, Digital Library of the Commons, 2005.

29、Luca Tacconi, "Redefining Payments for Environmental Services", *Ecological Economics*, Vol. 73, No. 1., 2012.